좋은 습관을 만드는
언어의 힘

좋은 습관을 만드는
언어의 힘

민영욱 · 이영만 · 서효륜 지음

가림출판사

사시사철 언제 어디서나 피는 꽃이 있다.

바로 웃음 꽃이다.

나는 오늘 하루 몇 번이나 웃었을까?

열심히 일한 당신 '떠나라!'

예전 모 회사의 CF처럼 우리 모두는 어디론가 떠나고 싶다. 그러나 현실은 어떠한가? 1년이 지나도록 코로나19로 인해 모든 활동이 원활하지 않은 상황에 여행은 생각할 수조차 없는 현실이다. 그나마 이런 답답한 일상에서 한줄기 소낙비 같은 웃음을 접할 수 있다면 당신은 행복한 사람이다.

아이들은 하루에 400번 정도 웃는다고 한다. 그런데 성인들은 고작 15번 정도밖에 웃지 않는다고 한다. 웃음 대신에 치열한 경쟁과 갈등, 풀어야 할 고민거리, 가슴을 짓누르는 삶의 무게가 웃음을 빼앗아 가버렸기 때문이다. 오늘부터라도 잃어버린 웃음과 유머 감각을 찾아 떠나보자. 행복한 사람이 웃는 것이 아니라 웃는 사람이 행복한 사람인 것처럼 억지로라도 5초만 웃어보라. 표정이 밝아지고 가슴이 후련해지며 삶이 즐거워질 것이다. 인생을 스스로 디자인해 가는 것처럼 웃음과 유머도 학습하고 훈련하며 만들어 가는 것이다.

나의 어릴 적 별명은 '우두커니'와 '말없는 사나이'였다. 그 소리가 너무도 듣기 싫어 나는 내 자신을 확 뜯어고치기로 마음먹었다. 나는 한때 말[言]에 미쳤었다. 체면과 자존심을 버리고 조금만 미치면 인생은 즐거워지고 웃음과 유머가 샘솟게 된다.

이 책에서는 말을 잘하는 방법과 유머와 위트를 만들고 습관화시키는 방법을 제시하였다. 한 점의 불씨가 온 산을 태우듯이 한 권의 책이 여러분의 삶을 고품격 유머로 승화시켜줄 수 있기를 바란다.

끝으로 늘 지지와 응원을 아끼지 않은 나의 아내와 가림출판사 여러분께 진심으로 감사드린다.

대표저자 민영욱

CONTENTS

사람들은 왜 웃을까

인간은 울고 웃을 수 있는 유일한 동물이다.
- 윌리엄 해즐릿 -

자극이 있어야 웃는다

사람이 웃게 되는 상황에는 자극을 받을 때도 있는데, 그 자극도 여러 가지 형태로 나타난다. 또 사람마다 자극을 받아들이는 정도가 다르고 웃는 정도도 다르다.

첫째, 사람의 겨드랑이나 발바닥 등 신체를 간지럽히면 반사적으로 웃게 된다. 생각 없이 웃게 되는 것이다. 친근한 관계에서 상대방을 웃기기 위한 보디랭귀지(신체 언어)로 사용할 수 있다.

둘째, 자신이 바라던 것이 이루어지면 흡족하거나, 기뻐서 웃게 된다.

2018년 월드컵 대표팀이 러시아 카잔에서 독일을 2:0으로 이겼을 때, 우리나라 모든 국민들은 승리에 도취되어 큰 소리로 웃으며 '대한민국!'을 외쳐댔다. 일상에서도 마찬가지다. 또한 칭찬을 받았을 때도 호감을 드러내며 웃거나 얼굴에 환한 미소를 띠게 된다. 이런 뜻에서 효과적인 칭찬은 웃음을 유발하는 유머와 같다.

유머가 생각나지 않을 경우, 일단 상대를 칭찬하라. 그러면 상대가 여유를 갖게 되고 당신에게 호감을 드러낼 것이다.

셋째, 다른 사람의 말이나 유머의 의미를 추론해서 해석하거나 행동을 보고 웃게 된다. 그러면서 왜 그런 행위를 하는지 의미를 음미해보고 행위자의 행동이 우스워서 웃는 웃음은 위트, 조크, 유머 등이다.

넷째, 긴장 속에 있다가 그 긴장감이 사라지면 해방감이나 안도감을 느끼면서 웃게 된다. 예비군 훈련을 예로 들면 '오늘 훈련을 받는 태도가 좋아 1시간 일찍 마친다'고 교관이 말하면, 예비군들은 환호성을 지르며 기뻐할 것이다.

다섯째, 다른 사람 앞에서 실언이나 실수를 하면 쑥스럽고 미안해서 어색한 웃음을 짓게 된다. 이와 같이 난처하거나 겸연쩍은 경우에도 웃는다.

이와는 반대로, 엉뚱하거나 뜻밖의 일을 당하면 화를 내야 함에도 기가 막혀 말도 안 나오고 어처구니 없다고 느껴서 웃는 헛웃음도 있다. 이런 경우는 의미를 해석해서 나오는 웃음이라기보다는 반사적인 행위라 할 수 있다.

여섯째, 남을 업신여길 때나 비웃을 때 웃음을 짓는다. 코웃음, 비웃음, 찬웃음, 쓴웃음이라고 불리는 웃음이다. 이런 웃음은 인간관계에 전혀 도움이 되지 못한다.

일곱째, 전혀 기쁘거나 우습지 않지만 접대하는 경우와 같이 사교社交상 미소를 띠거나 과장해서 웃어야 할 경우가 있다.

유쾌하고 흐뭇한 웃음

어디까지나 웃음은 유쾌하고 흐뭇해야 그 마력을 발휘할 수 있다. 만족스런 감정에서 자연스럽게 발산되는 웃음, 유쾌하기 때문에 저절로 터지는 웃음, 재미있기 때문에 참지 못하여 폭소를 나오게 하는, 그런 소재를 찾는 습관을 들여야 공감을 유발하는 효과적인 유머리스트가 될 수 있다.

생각의 샘

청찬이라는 것도 배워야 하는 하나의 예술이다.

– 막스 밀러

'다음 주에는 거짓말이라는 죄악에 대해 설교를 할 생각입니다. 설교 내용을 이해하는데 도움이 되도록 모두 마가복음 17장을 미리 읽어보시기 바랍니다.'

목사님이 말씀하셨다.

그다음 주 일요일, 목사님은 강단에 올라가서 교인들을 향해 마가복음 17장을 읽어본 사람이 있느냐고 물으셨다. 예배에 참석한 교인들이 모두 손을 들었다.

목사님이 빙그레 웃으며 말씀하셨다. '마가복음은 16장까지밖에 없습니다. 지금부터 거짓말에 대한 설교를 시작하겠습니다.'

– 티모시 슬레시 : 《리더스 다이제스트》 중에서 –

유머와 위트

관념과 실제의 차이에서 웃음이 발생한다.

– 쇼펜하우어 –

●●○ 원리를 알아야 응용할 수 있다.

유머가 사람을 웃게 하는 이유를 생각해 보자.

우리가 유머 전문가가 되거나 코미디언이나 개그맨처럼 할 필요까지는 없다. 다만, 유머를 활용해 원만한 인간관계를 유지하고 다른 사람을 내 편으로 만들어 보다 멋진 삶을 살자는 것이다.

의도적으로 웃게 하는 것도 유머이다

유머가 말하는 사람이 '의도적으로' 상대를 웃게 하는 것이라면, 남을 비웃는 것은 유머라고 할 수 없다. 그러나 익살스런 몸짓으로 상대를 웃게 하는 것은 유머라 할 수 있다.

간혹 남자가 화장실을 다녀온 후 바지의 지퍼 올리는 것을 깜빡 잊은 행위와 같이 타인의 실수를 보고 웃게 되는 웃음은, 상대가 의도적으로 한 행위가 아니기 때문에 유머라고 할 수 없다.

어리숙한 말과 행동이 웃음을 유발한다

개그 프로를 보면, 출연자들이 우스꽝스러운 말과 행동으로 우리를 웃기는 경우가 있다.

　이런 상황에서 웃음이 나오는 것은 웃음의 대상이 뭔가 부족하고 어리석다고 생각되기 때문이다. 이런 웃음의 모티브는 웃는 사람 자신이 은연 중에 '나 같으면 저런 어리석은 짓은 하지 않을 텐데' 하며 그 웃음의 대상보다 더 잘났다고 생각하는 우월 심리에서 나오는 웃음이라는 의견과 대상에 대한 안타까움이나 동정심에서 촉발된다는 견해가 있다.

상식이나 관행을 벗어난 말이 웃긴다

　사회생활에서 경우에 따라 뭔가 부족하고 비정형적인 내용이 담긴 바보같은 행동이나 엉뚱한 말을 함으로써 다른 사람에게 즐거움을 안겨줄 때도 있다. 대개 유머에 등장하는 인물들은 일탈적이고 익살스러운 상황으로 풍자해 웃음을 자아내는 것이다.

　바보를 소재로 한 유머는 동서양을 불문하고 인기있는 유머로 자리잡고 있다. 이런 우화들은 유쾌하고 재미있을 뿐만 아니라 엎어지면 코 베어 가는 치열한 세상에서 피곤하게 살아가는 우리에게 청량제와 같은 웃음을 선사한다.

사회에는 보편적인 상식이나 관행이 있기 마련이다. 어떤 사람의 말과 행동이 이런 상식이나 관행을 벗어나거나, 발상發想이 다른 예상 밖의 말을 하면 사람들은 의아하게 여기면서 종종 웃음을 짓게 된다. 즉 모순이라고 느낄 때 웃게 되는 것이다. 몸보다 말로 웃기는 개그맨의 경우, 이 모순을 잘 이용하여 '말의 유희'를 구사한다.

너무 지나친 과장과 거짓말은 상식이 있는 사람이라면 믿지 않기 때문에 '설마' 하고 미심쩍어 하면서 웃는다.

한 사람이 어느 비평가에게 말했다. '그 작가 책은 팔리지만 대단한 정도는 아니더군요.' 그러자 비평가는 이렇게 말했다. '아닙니다. 대단합니다. 아무튼 어중이떠중이가 숭배하고 있으니까요.'

사람의 의표를 찌르는 말이 웃긴다

위트나 최고의 유머라 할 수 있는 풍자도 모순을 적절히 이용한 것이라고 할 수 있다.

사람의 의표를 찌르는 기발한 발상과 위트는 고품격 유머에 해당되며 허를 찔린 상대에게 웃음을 짓게 한다. 위트는 때와 장소 그리고 경우에 따라 재치 있게 대응하는 슬기요, 임기응변이라고 할 수 있다. 위트로 어려운 상황을 반전시킬 수도 있다. 대개 위트는 질문을 받거나, 인터뷰 중 난처한 상황에서 사용하는 경우가 많다.

쇼펜하우어가 말한 바와 같이, 대부분의 유머는 삼단논법에 기초하는데, 이는 대전제·소전제 그리고 결론이 교묘하게 모순되어 있는 것이다.

세계에서 가장 재미있는 유머

영국 하트퍼드셔대학의 심리학과 교수인 리처드 와이즈먼 연구팀은 1년에 걸쳐 미국과 유럽의 200만 명을 대상으로 설문조사를 하여, 70개국의 4만여 개의 유머 중 세계 최고를 선정했다고 한다.

'영예의 1위'는 멍청한 사냥꾼 이야기가 선정되었다.

사냥꾼 2명이 숲 속에서 사냥을 하다가 1명이 사고를 당해 정신을 잃었다. 당황한 동료는 휴대전화로 긴급구조를 요청했다.

사냥꾼이 전화를 받는 구조 상담원에게 '죽은 것 같습니다'고 말하자, 상담원은 '침착하십시오. 죽었는지를 확실히 하십시오'라고 말한다.

잠시 정적이 흐른 뒤 한 발의 총성.

'이제 됐습니다. 다음엔 어떻게 해야 되나요?'하고 사냥꾼이 상담원에게 물었다.

이 조사에서 막판까지 1위를 달리다 역전당한 유머는 명탐정 셜록 홈스와 와트슨 박사의 대화였다.

셜록 홈스와 와트슨 박사가 캠핑장에서 텐트를 치고 함께 잠자리에 들었다. 한밤중에 깨어난 홈스가 '하늘에 무엇이 보이는가?' 하고 와트슨에게 물었다.

'많은 별이 보이네. 자네는 그것으로 무엇을 추론할 수 있겠나? 천문학적으로 은하계와 수십억 개의 행성, 점성술 면에서는 토성이 사자자리에 있고, 기상학적으로는 내일 날씨가 맑을 것 같고, 종교학적으로는 신의 전지전능한 힘……' 하며 홈스에게 문제를 던졌다.

홈스가 밝힌 추론의 정답.

'텐트가 없어졌다!'

생각의 샘

매일 살아가면서 무심히 내가 한 말이 남의 마음에 비수가 되어 꽂히기도 하고, 쓸데없는 말, 해서는 안 될 말을 해놓고 두고두고 후회하기도 한다. 간혹 내 삶이 다하고 지금 내가 하고 있는 말이 내 생에 마지막 말이 된다면 어떤 말을 할까 생각해본다.

고르고 골라 좋은 말, 예쁜 말, 유익한 말, 누군가의 마음에 깊이 남을 수 있는 말을 하려고 노력할 것이다.

– 장영희 교수 : 조선일보 '문학의 숲 고전의 바다' 중에서

생각하는 유머

가구점에서 일하는 여직원이 사장이 들어오는 것도 모르고 소파에 누워 자고 있었다.

사장이 화를 내며 소리쳤다.

'아니, 정신이 있어 없어? 근무시간에 잠을 자다가 손님이 오면 어쩔려구?'

여직원이 생글거리며 말했다.

'아이 사장님도…… 이 소파에 눕기만 하면 너무 편안해서 잠이 온다는 것을 보여드렸을 뿐이라구요.'

웃음을 디자인하는

우리는 행복하기 때문에 웃는 것이 아니고, 웃기 때문에 행복하다.
- 윌리엄 제임스 -

습
관

●●○ 대부분의 사람은 타인을 볼 때, 얼굴부터 먼저 본다. 사람의 얼굴은 희로애락의 신호등이다. 기쁠 때는 기쁜 얼굴, 화났을 때는 화난 얼굴, 슬플 때는 슬픈 얼굴, 즐거울 때는 웃는 얼굴이 드러난다.

우리가 사람을 대할 때 짓는 미소는 '반갑다' '당신이 좋다' '당신 얘기는 재미있다'는 감정이 배여 나온 것이다.

미국의 대통령 선거에서는 후보자들이 '3S'를 지키지 않으면 당선되지 못한다는 말이 있다. 후보자가 악수하기shake hands, 미소짓기smile, 서명하기signature를 잘 연출해야 한다는 것이다.

이 점에서 미국의 앨 고어 전 부통령이 낙선한 이유도 알 법하다. 조각 같은 수려한 용모, 해박한 지식과 막힘 없는 달변, 클린턴 대통령과 대비되는 깨끗한 사생활, 부통령 8년 등 검증된 국가경영 능력까지 대통령 후보로서 상대 후보인 부시보다 더 좋을 수 없는 완벽한 조건을 갖추었다. 그러나 고어에게 부족한 것이 바로 소탈함과 '미소'였다.

고어는 미국인에게 이미 각인된 고리타분하고 딱딱한 모범생 이미지를 벗기 위해 무던히 애썼지만, 미소도 습관이라 제대로 표현하지 못했다. 그래서 미국 국민의 마음을 끌어내지 못했다는 것이 미국 언론의 평이었다.

미소는 애착 행동이다

미소는 사람들을 끌어당기는 애착愛着 행동이다. 애착 행동은 심리학에서 다른 사람과 정서적으로 맺어지고 싶은 욕구를 나타내는 행동을 말하는데, 미소는 나는 당신과 좋은 관계를 맺고 싶다는 표시이다.

유머 감각을 몸에 익히려면, 먼저 미소를 자주 띠어라. 유머 감각과 상관없이 미소만 적절하게 보여도 인간관계에 도움이 된다.

머리말에서도 밝힌 바와 같이 학자들에 의하면 어린 아이들은 6살 때만 해도 하루에 400번 정도 웃지만, 성인은 하루 평균 5~15번 정도 웃는다고 하며, 나이를 먹을수록 덜 웃게 된다고 한다. 우리나라 사람에 대해서는 이런 조사가 없는 것으로 알고 있는데, 아마도 미국이나 유럽보다 유머 감각이 덜한 우리는 이보다 웃는 일이 훨씬 적을 것이라고 추측해본다.

예전에 우리나라가 IMF 경제위기를 겪고 좌절해 있을 때 황수관 박사가 신바람 강의로 즐거움과 희망을 주었었다. 황수관 박사는 만나는 사람들에게서 '도대체 어떻게 살아오셨길래 그렇게 늘 웃음이 넘치고, 강의도 쉽고 재미있게 하시는 겁니까? 그 비결이 무엇입니까?'라는 질문을 자주 받았다고 한다.

이런 질문을 받을 때마다 황수관 박사는 종종 지금껏 살아온 시간들을 다시 한번 되돌아보곤 했는데, 어려운 시절에도 항상 얼굴에 미소를 띠고 좋은 말을 하며 남에게 친절하려고 노력했다고 한다.

그렇게 하면 비록 큰 성공을 이루지 못하더라도 자신의 삶뿐만 아니라 주위 사람들도 조금 더 따뜻하고 행복해질 것이라고 믿었기 때문이다. 그래서 살아 생전 거울을 보고 웃는 연습을 많이 했다고 한다.

매일 3분 정도 웃는 연습을 하라

남자도 성형을 하고 화장하는 시대가 되었다. 자신을 가꾸고 화장하여 예쁘게 보이는 것보다 밝고 명랑하게 웃는 모습은 더 상큼하다.

아무리 잘생기고 아름다운 절세 미인이라도 찡그리고 있으면 보기가 좋지 않다.

웃는다는 것은 마음에 여유가 있다는 것을 나타낸다. 울고 있는 사람이 마음의 여유를 갖는다는 것은 사실상 불가능하다.

평소에 잘 웃지 않고 유머를 잘하지 않는 사람이 갑작스럽게 무표정한 얼굴로 유머를 해봤자 말하는 자신도 쑥스럽고 또한 듣는 사람도 '저 사람이 갑자기 이상해진 것이 아닐까' 하며 오히려 걱정하는 경우도 생긴다.

평소에 유머 감각이 부족한 사람은 잘 웃지 않아서 웃으려고 하면 안면근육이 잘 움직이지 않는다. 따라서 매일 3분 정도 거울을 보고 웃는 연습을 하는 것이 좋다. 웃는 연습을 하다 보면, 아무리 짜증나더라도 거짓말처럼 스트레스가 해소되고 머리가 상쾌해진다.

다음과 같은 문구를 웃으면서 큰소리로 읽어 보라.

오 호호호 호호호 호호호
우 하하하 하하하 하하하
으 헤헤헤 헤헤헤 헤헤헤
으 하하하 하하하 하하하
호호하하 호하호 히히해해 히해히
후후호호 후호후 흐흐하하 흐하흐
와이키키 와이키키 와이키키 와이키키
위스키 위스키 위스키 위스키
지지배배 지지배배 지지배배 지지배배

웃음 연습을 할 때에는 다음과 같은 방법으로 하면 효과적이다.

- 웃고 싶지 않을 때도 웃어라.
- 얼굴 전체로 웃어라.
- 인상을 펴고 밝은 표정을 지어라.
- 큰소리로 웃어라.
- 재미있는 생각을 하며 웃어라.

웃는 연습을 21일간 꾸준히 하면, 자연스럽게 성격이 밝아지고 건강도 좋아질 것이다.

꾸준히 연습하면 웃는 습관이 자연스럽게 몸에 배여 항상 얼굴에서 미소가 떠나지 않게 된다.

《탈무드》에 있는 이야기이다.

고대의 랍비들이 '따분한 사람이란 어떤 사람을 말하는가'라는 문제를 놓고 토론을 했다.

'말없는 사람이 따분하다.'

'우스개 소리를 듣고도 웃지 못하는 자가 따분하다.'

'자기의 전문지식을 끝없이 말하는 사람처럼 따분한 사람은 없다.'

'잡담이 없는 사람은 따분하다.'

'원리원칙만을 주장하는 사람은 따분하다.'

랍비들은 온갖 따분한 사람의 유형을 말했다.

그 말을 묵묵히 듣고 있던 가장 나이 많은 랍비가 모든 말을 종합하여 다음과 같이 결론을 내렸다.

'남을 따분하게 하는 사람이란 남의 관심을 끌지 못하는 사람을 말한다. 그들은 남이 어떻게 생각하고 있는지를 모른다. 설령 알고 있더라도 남의 생각을 무시한다. 또한 남의 기분을 알아차리려고도 하지 않아 남들과 맞출 수 없는 사람이 가장 따분한 사람이다.'

생각하는 유머

허구한 날 이 핑계 저 핑계를 대며 늦게 출근하고 일찍 퇴근하는 부하직원이 있었다.

보다 못한 부장이 어느 날 웃으며 물었다.

'이보게, 김 대리! 자네는 사람의 부활을 믿는가?'

'아뇨, 부장님. 죽은 사람이 어떻게 다시 살아납니까?'

'이보게, 자네가 며칠 전 돌아가셨다고 했던 장모님이 부활하셔서 지금 전화를 하셨네.'

화를 유머로 대신할 수 있는 리더가 진정한 리더이다.

유머를 연습하는

이해하는 사람은 모든 것에서 웃음 요소를 발견한다.
- 괴테 -

루틴의 힘

●●○ 모든 것이 그렇듯이 유머는 유머 감각을 가져야겠다고 마음만 먹는다고 해서 되는 것이 아니며, 적극적으로 노력해서 습관이 되도록 해야 한다.

앞 장에서 웃는 연습을 시작했으니 이제부터 유머를 보고 듣는 것을 생활화하자.

유머의 세계에 빠져보자

개그 프로가 많이 없어지기는 했지만, 우리가 쉽게 접할 수 있는 텔레비전 프로나 라디오 프로, 여기에 유튜브까지, 유머와 접목하여 진행하는 토크쇼, 리얼리티쇼, 먹방쇼 등 각종 예능 프로가 많아지고 있다.

일부 사람들은 방송 프로가 억지로 웃음을 자아내는 질이 떨어지고 삶의 깊이가 묻어나는 유머가 없다는 비평을 하고 있지만, 공부하는 셈치고 열심히 보고 듣고 웃으면서 생각해보자.

밑줄 쫙 치고 스크랩해 두라

인터넷이 활발하게 보급되고 스마트폰까지 나온 후로는 종이 신문이 많이 사라지고 구독률이 낮아지고 있는 추세이지만, 오랜 기간 교양과 폭넓은 정보를 얻기 위해서 유용한 매체 역할을 해왔음은 사실이다.

지금도 신문을 읽을 때는 '유머난'부터 먼저 읽고, 우울하고 걱정하게 만드는 기사는 나중에 보는 습관이 있다. 신문은 순간적으로 지나가는 방송 매체와는 달리 두고 읽을 수 있으며, 또한 스크랩하는 것도 손쉽다. 마음에 드는 것을 밑줄 쫙 치고 스크랩해 두거나 기사를 찾아 파일로 저장해 두면 활용가치가 있다.

잡지나 소설, 수필 등 단행본도 우리에게 큰 도움이 된다. 특히 함축미가 가득한 콩트는 위트 개발에 도움이 되므로 반드시 읽어 보기를 권한다. 그리고 사회적 리더들의 성공담을 담은 책에서도 그들의 위트와 유머를 배워보자. 삶의 깊이와 슬기, 해학諧謔이 담긴 우리 고전도 많은 영감을 주므로 읽으면 좋을 것이다.

유머 노트를 만들거나 파일로 저장하라

이와 같이 책이나 신문 등을 읽다가 도움이 될 것 같으면 무조건 기록하거나 파일로 저장하라. 이것은 어느새 머릿속에 남아 나중에 유머 화술을 유창하게 하는 밑거름이 될 것이다.

이렇게 유머를 보고 듣고 읽으면 유머 감각이 개발된다. 그러나 유머를 실제 생활에서 사용하려면 기억에도 한계가 있어 그 내용이 구체적으로 생각나지 않는 경우가 생기므로, 유머 노트나 파일로 저장하여 내용을 쉽게 찾을 수 있도록 한다. 이것은 곧 유머 자산이 된다. 그리고 기분이 따분하다고 여겨질 때, 이 보물들을 읽어 보라. 스트레스가 말끔히 해소되고 몸에 엔돌핀 분비가 왕성해져 기분이 새로워질 것이다. 이것이 유머 노트가 주는 '보너스'이다.

생각의 샘

행복은 아주 희귀한 경우 이외에는 단순한 행운에 의해 익은 과일이 입 속에 떨어지는 식으로 오지 않는다. 실제로 이 세상은 회피할 수 없는 여러 가지 불행, 병고, 심리적 갈등, 투쟁, 빈곤, 악 등으로 가득 차 있다. 그러므로 행복을 위해서는 남녀노소 할 것 없이 이 무수한 불행의 원인들과 싸우는 방법을 발견하는 것 이외는 없다.

– 버트런드 러셀

제2차 세계대전 중 런던의 어느 유명 백화점이 독일이 투하한 직격탄을 맞아 천장에 큰 구멍이 뚫렸다. 이튿날 그 백화점 앞에 간판이 하나 더 세워졌다.

'바람이 잘 통하게 되었습니다. 더운 때에 시원해졌으니 부디 한 번 들러 보시기 바랍니다.'

장
난
기

있
게

살
아
라

유머의 성공은 내용보다는 전달하는 방법에 달려 있다.
– 지그문트 프로이트 –

●●○ CEO를 대상으로 한 세미나에 출강하는 경우가 있다. 그분들에게 강의를 하다 보면, 딱딱한 내용보다는 재미난 에피소드나 유머스러운 얘기에 더 귀를 기울이는 것을 보게 된다.

그들은 공자님 말씀이나 피터 드러커와 같은 사람의 경영이론 같은 딱딱한 얘기는 이미 마스터한 사람들이 아닌가.

그래서 나는 그들에게 가끔 박수를 치며 함께 노래부르는 시간과 웃는 시간을 갖도록 한다. 그러면 근엄하던 얼굴 표정은 어느새 사라지고 어린아이처럼 즐거워하며 강의가 즐거웠다고 좋게 평가하곤 한다.

보디 커뮤니케이션을 하라

사람이 나이를 먹고 어른이 된다는 것은 아이들이 하는 장난스런 행동을 일체 하지 않고, 좀 더 분별 있고 진지하게, 예의와 체통을 지키며 살아야 한다고 생각하는 사람들이 많다. 맞는 말이다.

하지만 늘 이렇게 살아서는 재미가 없다. 아무리 체통을 중시하는 사람들도 초등학교 동창을 만나면, '야자'를 하며 반말과 함께 어린 시절의 추억을 떠올리며 무장해제 된다.

인간은 말 외에도 몸짓으로 자기 의사나 감정을 표현한다. 말은 의식적인 제어 아래 표현되지만 몸짓은 무의식 상태에서 표현되기 때문에, 언어보다 몸짓과 같은 비커뮤니케이션 수단이 인간의 심층 심리를 더 잘 나타낸다는 것이 정설이다. 그리고 몸짓은 말의 의미를 보충해주기도 한다. 그래서 장난기 어린 행동도 말로 하는 유머와 동일한 효과를 가진다. 가끔 몸으로 놀란 표정을 크게 지어 보라.

가끔 어린이가 되라

성경에 어린이가 되지 않으면 천국에 가지 못한다는 말이 있다. 그 말의 의미를 받아들이는 것은 사람마다 다르겠지만, 어린이와 같은 순박한 마음을 가지란 뜻이라고 생각한다. 그런 마음에서 우러나오는 행동이야말로 모든 사람의 마음을 사로잡을 수 있지 않을까.

프리드리히 니체가 '어른의 내면에는 놀고 싶어 안달이 난 아이가 숨어 있다'고 했듯이, 어른들은 일종의 체면이라는 탈을 쓰고 살 때가 많다.

어느 주일학교에서 선생님이 아이들에게 남자와 여자가 어떻게 처음으로 나타나게 되었는지 설명하고 있었다. '아담이 눈을 뜨고 이브를 처음 보았을 때 뭐라고 했을까요?'라고 선생님이 물었더니 한 아이가 손을 들더니 대답을 했다. '와, 예쁘다.'

어린아이들의 기상천외(?)한 말은 우리로 하여금 웃음을 자아내게 한다.

- 세뱃돈 - 큰 건 엄마가 갖고 작은 건 내가 가져요.
- 손님 - 이 사람이 가면 막 혼나요.
- 도장 - 여기 있는 글자는 읽기가 힘들어요.
- 출동 - 이것 할 때 진짜 가까워도 차 타고 가요.
- 정 - 이게 있으면 물건을 못 버려요.
- 광고 - 모두 맛있다고 하고 맛이 없다는 사람은 아무도 없어요.
- 변장 - 엄마가 아빠랑 같이 외출하는 거요.

매년 서로 속이면서 웃어보자는 만우절萬愚節도 있다. 이 날은 남녀노소를 불문하고 거짓말로 상대를 속이더라도 속임을 당한 상대가 '오늘이 만우절이지' 하고 웃어 넘기며, 서로 앙금이 남지 않는다.

누가 만우절을 만들었는지 몰라도 사람들이 너무 삭막하게 사는 것이 매우 안타까웠던 모양이다. 세상을 살아가면서 바보처럼 보이지만 슬기로워야 현명하다고 할 수 있다. 상대의 심각한 논리를 막을 수 없을 때 입이 아프게 자신을 변호해도 아무런 효과가 없다.

한 아이를 두고 두 여자가 다투자 차라리 아이를 둘로 나누라는 솔로몬의 유명한 재판을 생각해 보라. 인간관계에서는 경우에 따라 바보 같은 말이나 행동이 다른 사람으로 하여금 경계심을 풀게 하고 편안함을 주기도 한다.

유머라고 꼭 스토리가 있을 필요는 없다

한마디의 단어로도 상대를 웃길 수 있다. 장난기 어린 말과 행동, 애교 있는 말과 표정, 그리고 인기인의 흉내 즉, 모창, 성대모사 등도 좋은 소재가 된다.

동문서답 내지 우문현답을 해보라. 그리고 '이게 뭔지 맞춰 봐' 하며 난센스 퀴즈로 상대를 자극해보라. 이내 당신은 웃음바다를 만들 수 있을 것이다.

- 정말 눈코 뜰 새 없이 바쁠 때는? '머리감을 때……!'
- 친구 따라 가는 역은? '강남역!'
- 서울 시민 모두가 동시에 고함지르면 무슨 말이 될까? '천만의 말씀!'
- 먹으면 먹을수록 떨리는 탕은? '추어탕!'

야유회나 친목회에서 오락으로 언어 유희를 해보라.

말이나 문자를 소재로 한 해학적 유희를 '언어 유희pun'라 하는데, 한자漢字를 가지고 글자풀이를 한다든지, 차자借字로 웃음거리 시를 짓는다든지, 혹은 새 말 만들기, 말꼬리 이어 가기 등이 있으나 동음이의어나 발음의 유사상에 의한 것이 가장 많다.

- 원앙부부 : 원한과 앙심이 많은 부부
- 임전무퇴 : 임산부 앞에서는 침을 뱉지 않는다.
- 동문서답 : 동쪽 문을 닫으니까 서쪽 문이 답답하다.

단어를 풀어서 말하는 것도 좋은 웃음거리가 된다.
- 거울
  거 : 거울아, 거울아! 이 세상에서 누가 제일 예쁘니?

울 : 울렁거린다. 그만 해라!

유머의 표현력이 미숙하다면 차라리 유머가 적힌 내용을 사람들에게 읽어 주는 연습을 해보는 것도 좋다. 하나의 유머를 10번 이상 사용해보아야 익숙을 너머 능숙해진다.

생각의 샘

지금은 전보다 많이 나아졌지만, 우리나라 사람들은 대체로 자기를 남에게 노출시키기보다는 자신을 숨기거나 감싸면서 남에게 속내를 보이지 않고 속셈을 쉽게 드러내지 않는다고 한다.

또한 직접적으로 의사전달을 하는 것보다는 빙빙 돌려서 이야기하고, 상대에게 예민하게 반응하며 눈치로 상대의 마음을 헤아리는 습성이 강해 터놓고 이야기하는 것이 매우 어렵다고 한다.

― 오세철 : 《한국인의 심리구조》 중에서

좋은 말이지만 해서는 안될 말들

1. 목사님에게, 당신은 살아 있는 부처님입니다.

2. 올해 연세가 아흔 아홉이신 할머니께, 할머니! 백살까지 사셔야 해요.

3. 직구밖에 못 던져 좌절하고 있는 투수에게, 당신은 정직한 분이군요.

4. 대머리에게, 참석해주셔서 자리가 빛났습니다.

5. 매일 구타당하는 아내에게, 남편께서 무병 장수하시기를 빕니다.

6. 화상 입은 환자에게, 당신의 화끈함이 마음에 듭니다.

7. 간수가 석방돼 나가는 전과자에게, 당신이 그리워질 것 같습니다. 다시 한번 꼭 들러주세요.

생각의 틀을 바꿔

아아, 나의 마음속에는 두 가지 마음이 있구나!
- 괴테 : 《파우스트》 중에서 -

보라

●●○ 지금까지 유머 감각을 기르는 준비를 해왔다. 그동안 살아온 습관을 변화시키기 위해 성찰의 시간을 가져보자.

사람마다 생각이 다르고 말하는 것, 행동하는 것이 다르다. 한날한시에 나온 쌍둥이도 하는 행동이 다르다. 왜 그럴까?

이렇게 개인차가 나는 것은 가치관values, 성격personality, 태도attitude가 다르기 때문이라고 한다.

돈이냐 사랑이냐

당신은 행복한 삶을 위하여 '돈'이 더 중요하다고 생각하는가, '사랑'이 더 중요하다고 생각하는가? 이와 같이 사람은 어떤 선택 상황일 때, 무엇이 옳고 그른가에 대하여 먼저 선입관을 가지고 판단한다. 이같은 선입관에는 그 사람의 '가치관'이 들어 있다.

M. 로키치M.Rokeach 교수는 그의 저서 《인간 가치의 본질》에서 가치관을 최종 가치와 이를 실현하는 수단적 가치로 나누어, 행복한 삶을 얻기 위한 수단적 가치로 돈을 말하는 사람과 사랑을 말하는 사람이 있다고 하였다. 이 가치관은 '인생관'이라 할 수 있으며, 우리의 태도나 행동에 영향을 미친다. 또한 비교적

잘 바뀌지 않는 '고정관념'이라고 할 수도 있다.

원만한 사회적 활동을 위해 정중함과 좋은 매너라는 수단적 가치를 선호할 수도 있다. 그래서 정중함을 더 선호할 경우 체면을 중시하고 유머스러운 행동을 자제해야 한다고 생각한다. 그렇다면 당신은 어떤 수단적 가치를 가져야 하는가 생각해보라.

5가지 성격 유형

세상을 살아가기 위해서는 사람들의 성격에 잘 대처할 필요가 있다. 성격은 사람을 분류하기 위해 사용하는 심리적 특성의 집합이라고 할 수 있다.

학자들은 사람의 성격 유형으로 ① 친화성, ② 성실성, ③ 정서적 안정성, ④ 외향성, ⑤ 경험에 대한 개방성이라는 '5가지 성격'으로 나누고, 그 정도에 따라 사람을 분류하였다.

친화성을 지닌 유형은 다른 사람들과 잘 지낼 줄 아는 성향이며, 성실성을 지닌 유형은 일에 열정을 가지고 도전하여 체계적이고 책임감 있게 실천하는 성향을 말한다.

'그 사람, 정서가 불안해' 하며 평가되는 정서적 안정성이 낮은 사람은 기쁨과 슬픔, 흥분과 침울의 양극단적 감정을 보이며 불안한 감정을 자주 표출한다.

　외향적 성향의 사람은 말이 많고 표현을 잘하며 사람 사귀기에 능숙한 유형으로, 항상 자신에 대한 확신으로 가득 차 있으며 다양한 사람들과 관계를 발전시킨다. 대체로 수줍음이 많은 내성적인 사람들은 이와 반대되는 성향을 가지는데, 혼자 있기를 좋아하고 다른 사람들과 관계를 맺는 것에 관심을 두지 않는다.

　경험에 대한 개방성을 지닌 유형은 새로운 것이나 혁신적인 경험을 즐기며 상상력이 풍부하고 외적 자극에 민감한 성향을 갖는다. 그렇지 못한 사람은 도전을 두려워하고, 신중함이 지나쳐 미리 포기하는 경우가 많다.

　어느 성격의 사람이 성공의 열매를 빨리 얻을 수 있을까? 성격은 선척적인 면도 있지만 후천적으로 형성되는 경우도 많다. 자신의 마음먹기에 따라 얼마든지 바꿀 수 있는 것이다.

태도는 행위를 위한 준비상태이다

　태도는 '어떤 일을 할 것인가 안할 것인가' 하는 행위를 위한 준비상태로 간주된다. 한 사람이 지니는 태도는 그가 지닌 사물이나 사람에 대한 신념과 가치가 개입되어 형성된다고 볼 수 있다. 즉 태도란 우리가 생각하는 것과 느끼는 것의 함수에 해당된다.

사람이 행위를 함에 있어서 태도는 가치관보다 더 많은 영향을 미친다. 가치관이 모든 상황에 있어서의 행위에 미치는 광범위한 믿음이며 도덕적인 내용이라면, 태도는 특정한 대상이나 상황에 있어서 행위에 직접적인 영향을 미친다. 태도에는 적극적, 부정적, 중립적 태도가 있다.

가치관과 태도는 대체적으로 조화를 이루지만 항상 그런 것은 아니다. 남을 도와주어야 한다는 가치관을 가진 사람일지라도 비도덕적인 사람을 돕는 것에 대해서는 부정적인 태도를 취할 수 있다. 그리고 인간관계에 적절한 유머는 좋지만(가치관), 소위 '야한 유머'는 좋지 않다고 하는 것도 태도라 할 수 있다.

우리가 다른 사람을 만나는 태도는 어떠한가? 태도는 감정의 영향을 받으며, 마음먹기에 따라 바꿀 수 있다.

박정희 대통령이 좌우명으로 삼았다는 '자신을 대할 때에는 가을의 찬 서리처럼 대하고, 다른 사람을 대할 때에는 봄바람처럼 대하라持己秋霜 待人春風'라는 말이 있는데, 대인관계를 맺는데 하나의 원칙으로 삼아도 좋을 것이다.

성공을 위해서 사람을 대하는 태도, 일하는 태도, 미소를 짓지 않는 태도, 습관적으로 하는 태도를 점검하라.

한 사람, 한 사람을 만날 때마다 즐거움을 주도록 먼저 노력하자. 항상 이런 생각의 틀에서 사람을 대하라.

태도를 바꾸고 새로운 어휘력으로 무장하라

상대방이 하고 있는 말을 어느 정도 들으면 그가 무슨 일을 하고 있는지, 그가 사용하는 어휘로 충분히 짐작할 수 있다. 이와 같이 자신이 사용하는 말과 어휘는 자신의 인격을 나타내는 척도라고 할 수 있다.

어휘력은 자신이 태어나면서 현재에 이르기까지 '사회적 전수'를 통하여 자연스럽게 습득된 것이다. 그러나 영어의 어휘력도 공부를 통해서 실력을 향상시켰듯이 우리나라 말이라도 노력하면 어휘력은 향상시킬 수 있다. 태도를 바꾸고 어휘력을 키워라. 자신의 성공을 위한 진정한 '변신變身'이 될 것이다. 어휘력을 키우기 위해 좋은 말, 고운 말, 재미있는 말, 기쁨을 주는 말, 멋진 말을 찾아 하다 보면 자연스럽게 입에서 나오게 될 것이다.

우리 고전 해학 중에 '공당 문답'이란 재미있는 말 재치에 관한 일화가 있다. 공(맹사성)이 온양으로부터 조정으로 돌아오는 도중에 비를 만나서, 용인 여원旅院에 들렀더니, 행차를 성하게 꾸민 어떤 이가 먼저 누상에 앉았으므로 공은 아래층에 앉았다. 누상에 오른 자는 영남에 사는 사람으로서 의정부 녹사綠事 취재取才에 응하러 가는 자였다. 공을 보고 불러서 위층에 올라오게 하여 함께 이야기하며 장기도 두었다.

또 농으로 문답하는 말끝에 반드시 '공' '당' 하는 토를 넣기도 하였다. 공이 먼저, '무엇 하러 서울로 올라가는공' 하였더니, '벼슬을 구하러 올라간당' 하였다.

'무슨 벼슬인공' 하매, '녹사綠事 취재取才란당' 하였다.

공은 또, '내가 마땅히 시켜줄공' 하매, 그 사람은 또 '에이 그러지 못할 거당' 하였다.

후일에 공이 정부에 앉았는데, 그 사람이 취재를 위해 들어와 뵈었다. 공이 이르기를 '어떻게 되었는공' 하매, 그 사람이 비로소 깨닫고는, 갑자기 말하기를 '죽여지이당' 하니, 그 자리에 있던 사람들이 모두 놀라며 괴이하게 여겼다. 공이 그 까닭을 얘기하매, 모든 재상들이 크게 웃었다. 드디어 그 사람을 녹사로 삼았다. 그리고 공의 추천을 받아서 여러 고을의 원을 지내게 되었다.

후인들이 이를 일러 '공당 문답'이라 하였다.

고리타분함을 없애고 상대를 편하게 하는 유머의 소재는 무궁무진하다. 평범한 소재의 이면적 진실을 추구해도 좋고, 대상의 장점과 미덕을 밝히는 것도 좋다. 스토리가 있는 유머는 '현실'을 재미있게 극화한 것이다. 보다 재미있고 멋진 말을 생각하라.

생각의 샘

당신은 우리들이 세상과 접촉하는 방법에는 네 가지가 있고, 그 네 가지 이외에는 없다는 것을 믿겠는가? 이 네 가지에 의해서 우리들은 평가되고 등급이 매겨지는 것이다.

네 가지란 '우리가 무엇을 하는가, 어떻게 보이는가, 무엇을 말하는가, 그리고 어떻게 말하는가' 이다.

— 데일 카네기 : 《효과적 말하기를 위한 쉽고 빠른 방법》 중에서

불통 상사

어느 직장에서 동료 직원이 심장마비로 쓰러졌다. 그런데도 상관은 퇴근시간인 오후 5시까지 긴급 구호 연락을 하지 못하게 했다. 직원들이 그 이유를 물어보자, 그 상관은 다음과 같이 대답했다고 한다.

'긴급 구호 연락을 하고 소란을 피우면 오후 일을 못 하게 되고, 그리고 심장마비로 쓰러진 직원은 이미 죽었으니, 연락을 한다고 해도 아무 소용이 없네.'

창의력과 수사법의

인간은 무슨 빛깔로든지 변할 수 있는 동물이다.
– 필립 체스터필드 –

테크닉

●●○ 월드컵 대표팀 감독으로 한국 축구를 4강까지 올려놓았던 거스 히딩크 감독의 인터뷰를 들은 우리는 마치 우리의 머릿속에 각인시키는 것과 같은 그의 독특한 위트와 수사^{修辭}에 적잖이 감탄을 했다.

히딩크의 인터뷰를 지켜 본 영어학자들은 일부 문법상의 오류에도 불구하고 '단문을 즐겨 쓰기 때문에 메시지가 분명하고 강렬하게 전달됐다. 그의 말에 개성과 독특한 어휘 선택이 눈에 띈다'고 평했다.

히딩크의 수사법

창의적 사고를 발휘하여 수사법을 잘 사용하면, 상대의 마음을 끄는 위트가 될 수 있고 유머가 될 수 있다. 우리 모두 그의 기지 넘치는 수사를 기억해보자. 그리고 익혀보자.

경기에서 '선수들이 잘했다'는 표현을 '굉장한 성과다' '우리 선수들의 경기는 독특했다'며 칭찬의 강도를 높였다. 미국과 비긴 경기 후에 '좋은 찬스를 여러 번 놓쳤다'는 표현을 '아름다운 기회를 놓쳤다'라고 하여 시합을 한 편의 드라마로 여기는 인상을 주었다.

스페인 대표팀이 판정에 이의를 제기하자 '진 팀은 거울을 들여다봐야 한다'며 패인을 남의 탓으로 돌리지 말 것을 주문했다. 대 이탈리아전이 끝난 뒤 '지금의 목표는 무엇이냐?' 하는 기자들의 질문에 그동안의 성취와 미래에 대한 자신감을 담아 '당신이 말해보라'고 반문을 했다.

'창의력'을 발휘해야 한다

듣는 사람에게 감명이나 즐거움을 주는 말을 하려면 남들이 흔히 쓰는 표현을 피하고 자신의 뜻을 가장 정확하게 나타낼 수 있는 어휘와 표현방식을 찾아내어 독창성이 돋보이는 표현을 사용하여 말에 신선감을 주어야 한다. '바꾸세요'라는 말보다 '변화가 아닌 새로운 시작이 좋지 않을까?'라고 표현해 보라. 그러기 위해서는 먼저 '창의력'을 발휘해야 한다.

일반적으로 창의력이란 정보나 지식을 독특한 방법으로 조합하여 참신하고 유용한 아이디어를 산출하는 능력을 뜻한다. 기업이나 사회의 발전은 물론 개인의 발전도 창의적 아이디어에서 비롯된다.

사업이나 예술 등 각 분야에서 성공한 사람들은 이 아이디어를 실천에 옮긴 사람들이다. 우리가 말하는 유머도 아이디어에서 비롯된 것이므로, 창의적인 아이디어로 창출하면 주변 사람들을 놀라게 할 수 있고 멋진 인정을 받을 수 있다.

지금까지 학자들의 연구 결과를 보면 창의력과 지능, 다면적 사고, 연상과 유추능력, 그리고 비유나 상상을 활용할 줄 아는 능력 등과 관계가 깊은 것으로 나타났다.

흔히 지능과 창의력을 동일시하는 경우가 있으나, 지능이 높다고 해서 반드시 창의력이 높은 것이 아니다. 지능은 주어진 문제에 대해 주어진 해답을 찾는데 유효하지만, 창의력은 문제를 새롭게 인식하고 참신하고 다양한 해답을 고안하는데 활용된다. 아이디어는 이 세상에서 전혀 없는 것에서 나오는 것이 아니라 있는 것에서 나온다. 좀 더 깊이 관찰하며 좀 더 새로운 시각에서 보려는 노력을 하면 된다.

창의력은 유머 감각을 개발하기 위한 노력뿐만 아니라, 성공을 위해서도 꼭 필요한 과제라 하겠다.

SCAMPER법

창의성을 발휘하여 유머의 소재를 찾고 표현법을 모색하자.

창의력 증진기법 중에서 'SCAMPER법'이 있다. 지금부터 꼭 실천에 옮겨 보자.

창의력을 바탕으로 수사법이란 테크닉을 갖추면 금상첨화다. 창의력 증진과 수사법은 상호 밀접한 관련이 있어 서로 좋은 영향을 미친다. 쉽게 말하면 상대방이 마음을 움직이도록 자기가 생각하고 있는 점이나 말하고 싶은 것을 효과적으로 표현하는 테크닉이 바로 수사법이다.

S = Substitute → 기존의 것을 다른 것으로 대체해 보라.
C = Combine → A와 B를 합쳐 보라.
A = Adapt → 다른 데 적용해 보라.
M = Modify, Minify, Magnify → 변경, 축소, 확대해 보라.
P = Put to other uses → 다른 용도로 써보라.
E = Eliminate → 제거해 보라.
R = Reverse, Rearrange → 거꾸로 또는 재배치해 보라.

이 수사법에는 한 사물을 다른 사물에 비유하여 표현하는 테크닉과 말의 가락을 강하게 하여 듣는 사람으로 하여금 강한 인상을 받게 강조하는 테크닉, 그리고 말의 단조로움을 피하고 흥미를 가지고 듣도록 변화를 주는 테크닉 등이 있다. 이것을 제대로 익힌다면 '파워입담'으로 상대를 압도할 수 있다.

수사법 활용의 네 가지 원칙

수사법을 활용할 때 다음의 네 가지 원칙을 지켜야 효과가 있다.

첫째, 표현방식을 결정할 때 듣는 사람의 교육 정도나 직업, 취미에 알맞고 상대가 이해할 수 있는 수준의 말을 사용해야 한다. 열심히 노력해서 상대에게 유머를 했는데 상대가 못 알아듣는다면, 안타까운 일이 되고 말 것이다.

둘째, 메시지에 유쾌한 리듬을 느끼게 하는 동시에 전체가 잘 어울리도록 해야 한다. 유머는 대개 삼단논법과 같은 형식으로 구성하는데, 웃음을 자아내도록 모순되게 하여도 전체가 어느 정도 조화를 이루어야 한다. 모순되게 한다고 전혀 관련이 없는 것을 넣으면 터무니 없다는 오해를 받는다.

셋째, 듣는 사람의 흥미를 돋우기 위해서는 추상적인 것을 구체적으로 표현하고, 구체적인 것을 더 구체화시키며, 막연해서 긴가민가 한 것에 오감적 느낌을 살려줌으로써 듣는 사람으로 하여금 뚜렷하고 확실한 인상을 받게 하거나 실감나게 해야 한다.

넷째, 나타내고자 하는 내용에 의성어나 의태어를 사용하여 다른 내용을 보충 표현함으로써 그 내용을 충실하게 하고 또는

감칠맛 나게 해서 듣는 사람으로 하여금 상상의 여지를 남기게
해야 한다.

우리나라 대표팀이 멋지게 골을 넣자 히딩크 감독이 격렬한 골 세레머니를 하는 모습이 텔레비전에 나온 것을 보고 할머니께서 이렇게 말씀하셨다.

'아니, 저 사람은 우리나라 사람도 아닌데 왜 저렇게 좋아하냐?'

'할머니~, 저 사람 우리나라 감독이잖아요.'

그러자 '아~, 꼭 외국인같이 생겼네.'

생생한 비유로

부드러운 말로 상대를 정복할 수 없는 사람은 큰소리를 쳐도 정복할 수 없다.

- 체홉 -

멋지게 하라

●●○ '벤허' '십계' 등으로 깊은 감명을 주었던 찰턴 헤스턴이 타계 전에 자신이 알츠하이머병에 걸렸다고 밝혀 그를 사랑하는 전 세계 팬들의 마음을 아프게 했다.

타계 전에 로스앤젤레스 비벌리힐스 호텔에서 비디오테이프로 녹화된 발표에서 헤스턴은 '나는 포기하지도 굴복하지도 않고 있다'면서 나에 대한 동정심을 갖지 말아 달라. 나 역시 '나 자신에 대해 동정심을 느끼고 있지 않다'면서 안타까워하는 팬들을 달랬다. 자신이 '십계'에서 모세로 출연해 홍해를 갈랐던 장면을 인용하여, '나는 홍해를 가를 수 있지만, 여러분과는 떨어질 수 없다'며 '무대와 은막에서 한평생을 바친 배우에게 자신의 관객을 잃는 것보다 더 큰 손실은 없다'고 말해 팬들의 심금을 울렸다.

이 발표는 자신의 아픔을 승화시키며 자신을 연상케 하는 영화의 명장면에 비유함으로써 자신을 영원히 잊지 말라는 호소가 담긴 메시지라고 할 수 있다.

더 흥미롭게 더 생생하게

자신이 표현하고자 하는 바를 다른 대상에 빗대어 표현하는 테크닉이 비유다. 이 테크닉은 말하고자 하는 대상의 성격, 형태, 의미 같은 것을 듣는 사람으로 하여금 한층 더 쉽고, 더 명확하게, 더 흥미롭고, 더 생생하게 이해할 수 있도록 해준다.

비유가 적절한 경우에는 상대로 하여금 웃음을 짓게 함은 물론 보너스로 상대의 마음에 강한 인상을 남길 수 있다. 비유를 할 때에는 빗대는 대상이 싱싱한 과일처럼 신선해야 웃음의 정도가 커진다. 물론 상대에게 불쾌감을 주는 것은 피해야 한다.

이 테크닉에는 여러 가지가 있으나 기본적인 세 가지 방법만 알면 충분하다.

첫째, 다른 대상과 나란히 연결시켜 비유한다. 다른 대상을 끌어들여 표현하고자 하는 대상과 직접적으로 맞세워 표현하는 것이다.

'하늘과 같은 남편, 어서 오세요' 하며 하루 종일 일에 지쳐서 돌아오는 남편에게 한마디 건네는 아내의 말에 남편은 어떻게 생각할까? '하늘과 같은 남편'이라는 표현처럼 어떤 한 대상이나 현상(A)을 그것과 비슷한 속성을 가진 다른 대상이나 현상(B)과 나란히 연결시켜 그 공통적 속성을 부각시켜 실감나고 명료하게 형용하는 것이다. A와 B를 절묘하게 연결시켜야 묘미가 있다. B를 잘 선택해야 한다. 아름다운 것, 더 큰 것이면 좋다.

'밤낮 없이 일했다'를 '올빼미처럼 살았습니다'라고 표현하는 것이 한 예이다. 여기에서는 〈마치〉〈같은〉〈듯〉〈처럼〉〈마냥〉〈다름없이〉〈인 양〉〈흡사〉 등의 말을 B의 앞뒤에 붙이면, 듣는 사람이 '빗대어 말하는구나' 하며 A와 B의 공약수를 찾는다.

이 방법은 단순한 단어나 개념에만 적용되는 것이 아니며, 더 나아가 하나의 상황이나 현상을 문장으로 표현할 수도 있다.

둘째, 비유가 드러나 보이지 않게 비슷한 대상이나 현상을 지적한다. 유추나 공통성의 암시에 따라 다른 사물이나 관념으로 대치하여 표현하는 것이다. 즉 표현 속에 비유를 살짝 감춰두는 방법이다. 두 개의 사물을 비유하여 훨씬 강력하고 실감나게 표현을 하는 데 효과가 있다.

'요즘 추신수 선수의 방망이가 불났네' '우리 제품이 불티가 나게 팔립니다'와 같은 표현이다.

이 방법은 전달하고자 하는 뜻을 직접 언급하지 않기 때문에 듣는 사람이 감춰진 비유를 추측할 수 있도록 그들에게 어느 정도 익숙한 비유를 사용해야 한다. 하지만 흔한 비유를 사용하면 청중의 귀를 솔깃하게 하는 신선도가 떨어지므로, 유추가 가능한 범위 내에서 창의적인 표현을 찾으려고 노력해야 한다.

셋째, '평화'를 '비둘기'로, '아무것도 모르는 사람'을 '깡통'으로 표현하는 것같이 무엇(A)을 무엇(B)에 비유한다는 비유의 본체(A)는 나타내지 않고, 비유의 말(B)만을 제시함으로써 표면에 드러나지 않은 무엇(A)을 듣는 사람이 추리하도록 하는 방법이 있다.

즉 본뜻은 숨기고 비유하는 말만으로 숨겨진 뜻을 암시하는 표현으로, '밥 먹으러 가자!' 대신에 '금강산도 식후경이야'라고 말하는 것같이 대개 속담이나 격언, 이솝우화와 같이 한 편의 이야기 전체를 사용하는 경우도 있다.

히딩크 감독은 무릎수술을 받아 다리가 불편했을 때 '목발'을 '젓가락chopsticks'이라 표현하여 안쓰럽게 생각하는 주위 사람들을 웃겼다고 한다. 대머리를 '빛나리'라고 하든가, '바쁘니?' 하고 묻는 친구에게 '냉온탕을 오가고 있어' 하면 웃음이 나온다. 이런 간단한 표현 하나만으로도 다른 사람을 즐겁게 할 수 있다.

또한 '소가 웃을 일이다'라는 표현은 엉터리를 주장하지 말라는 메시지가 상대에게 전달된다.

'텔레비전은 눈으로 씹는 껌이다'라는 말의 의미를 생각해 보라. 입이 심심할 때 껌을 씹듯이 텔레비전은 우리가 심심할 때 심심풀이의 대상이라는 표현이다.

이 방법은 남을 설득할 때나, 정면에서 자기의 주장과 소신을 직접 나타낼 수 없는 경우에 효과적이다.

풍자의 묘미

'정당 간판을 마치 식당 간판 바꾸듯이 밥먹듯 바꾸고 있다.'

→ 민심이반에 대한 반성은 없고 걸핏하면 신당을 만들어 국민을 현혹시키고 있다며…….

'이 국면에서 우리는 뺄셈을 하지 말고 덧셈을 해야 한다.'

→ 누구는 되고 누구는 안 된다는 식의 주장에 반대하며…….

비유의 극치로 할 수 있는 표현이 바로 '풍자satire'인데, 유머와 구별하기도 하고 넓은 뜻에서 포함시키기도 한다. 실제로는 분간하기 어렵다.

이 말은 중국의 《시경詩經》에 '시에는 육의六義가 있는데, 그 하나를 풍風이라 한다. 상上으로써 하下를 풍화風化하고 하로써 상을 풍자風刺한다. …… 이를 말하는 자 죄 없으며 이를 듣는 자 훈계로 삼을 가치가 있다'라는 대목이 있는데, 이것을 후세 사람들이 한마디로 풍자라고 표현하였다고 한다.

또 한편으로는 라틴어의 satura(원의는 매우 혼잡함)에서 나온 영어의 satire를 번역한 말을 이에 해당시켜서 사용하였다. 풍자는 본래 시의 한 형식이었지만 소설, 회화, 영화 등에도 접목되었다(참조 : 두산동아백과사전).

풍자는 점차 세상 풍조와 정치적 현실, 사회부조리, 기타 인간생활의 결함 등을 비꼬아 공격하는 기지가 넘치는 비판적 또는 조소嘲笑적인 발언을 말한다. 그러나 파괴를 목적으로 대상을 조소하는 것이 아니다. 비난과 공격의 배후에서 항상 교정과 개량을 생각하는 따뜻한 손길, 바람을 느끼게 하는 것이 바로 풍자의 기법이다.

풍자는 대개 비속·비천한 것을 고상·고귀한 것으로, 고상·고귀한 것을 비속·비천한 것으로 전도順倒시킨다. 즉 조소하는 표현방식으로 대상을 왜소화시키는 방법을 통해 조롱, 멸시, 농락을 하기도 한다.

풍자는 그 나라와 사회의 문화를 반영한다. 미국이나 유럽에서는 정치 지도자에 대한 풍자가 많지만, 우리나라에서는 10여 년 전만 하더라도 터부시되어 왔으나 조금씩 개그나 유머의 대상이 되고 있다.

또 우리나라에서는 변호사에 관한 유머가 별로 없지만, 변호사가 많은 미국에서는 변호사에 관한 유머만 해도 책 몇 권이 넘는다고 한다. 불행한 상황에서 변호사를 선임했는데 법에 대해 문외한인 보통 사람의 입장에서는 적지 않은 금액을 주어야 하니, 그런 심정이 변호사를 유머의 도마 위로 올려놓게 된 것 같다.

어떤 사람이 마음 착한 변호사를 어디서 찾을 수 있느냐고 물었더니 지나가던 사람이 저 건너 묘지에 가보라고 했다는 유머, 천당과 지옥 사이에 소송이 생겼는데 천당에는 변호사가 한 명도 없어 소장을 작성할 수 없다는 유형의 유머도 있다.

∴ **생각의 샘**

우리는 개인 간의 차이를 충분히 생각하지도 않고, 타인의 행동이나 성격을 그가 속한 집단으로 범주화시킨다. 예를 들면, 독일 사람을 처음 만나면 충분히 사귀기도 전에 '근검 절약할 것이다, 맥주를 좋아할 것'이라는 편견을 가지고 대한다.

— 양창삼 : 《인간관계론》 중에서

많은 당나귀를 키우는 어느 농부가 당나귀 한 마리를 더 사기 위해 시장에 갔다. 그는 여러 마리의 당나귀 중에서 한 마리를 고른 후에 상인에게 말했다.

'여보시오. 내가 이 당나귀를 집에 데려가서 부지런한지 게으른지 알아본 후에, 게으른 녀석이면 바꿔가도 되겠소?'

'그렇게 하시지요.'

상인의 허락을 받은 농부는 자기 집으로 당나귀를 끌고 와서 당나귀들이 있는 외양간에 넣었다.

그러자 새로 온 당나귀는 이리저리 당나귀들 사이를 거닐다가 그 중에서 제일 게으른 당나귀 곁으로 갔다. 잠시 후 두 당나귀는 친해져서 사이 좋게 먹이를 먹고 있었다.

이 모습을 본 농부는 그 당나귀를 다시 상인에게 끌고 가서 말했다.

'이 당나귀는 게을러서 내게 별 도움이 안될 것 같으니 다른 당나귀를 보여주시오.'

그러자 상인이 이상하다는 듯이 물었다.

'아니, 끌고 간 지 얼마 되지도 않는데, 어떻게 이 당나귀가 게으른지 부지런한지를 안단 말이요?'

농부는 웃으면서 대답했다.

'아, 난 그 당나귀를 보고 안 것이 아니라 그 당나귀의 친구를 보고 알았지요.'

– 《이솝우화》 중에서 –

유머스런 강조와

의지해야 할 것은 인망人望이 아니라 자기의 힘, 곧 능력이다.
- 나폴레옹 -

과장의 기술

●●○ 뉴스나 기사 등을 보거나 검색하면 과장이 심하고 자극적이고 공격적인 표현을 많이 사용한다. 그런데 그 표현이 '전쟁'과 관련되어 오히려 공포감을 조성하기도 한다.

'교통 대란' '물난리' '음주운전과의 전쟁' '여야의 비방은 전투 수준이다' ……

최고의 지성인들이 근무하는 언론기관인데 너무 살벌하게 표현하지 않는가. 언론사의 말과 글은 그 사회의 거울이며 공기와 같다.

피부에 와닿는 듯하게

전하고 싶은 메시지에 힘을 실어 더 한층 듣는 사람의 피부에 와닿는 듯하고 가슴을 '찡' 하게 하는 절실함을 표현하는 테크닉이 필요한데, 이것이 바로 강조하는 테크닉이다.

비유법도 강조하는 기능을 갖고 있지만, 자신의 의견을 강조하고자 할 때에는 강조 테크닉이 더 효과적이다.

자신의 말이 원칙임을 강조하라

첫째, 자신의 주장이 원칙임을 강조하는 방법이 있다. 자신의 주장을 '되어야 합니다'하며 하나의 원칙으로 '믿습니다'라고 신념화하거나, '이견이 있을 수 없습니다'라고 하여 일반적 믿음으로 표현하는 방법이다.

이런 방법으로 위트를 사용하는 것도 좋다.

미국의 9·11 사태를 탁월하게 수습해서 많은 미국인들의 사랑을 받았던 루돌프 줄리아니 전前 뉴욕시장은 기자들의 질문에 하나의 원칙인 양 위트로 은근히 자신의 정치관을 시사했다.

'모든 미국인들은 머리 뒤쪽 어딘가에서 대통령이 되는 것을 생각한다. 나는 어떤 시점에 공직생활을 다시 시작할 뜻이 있다.'

원칙을 잘 이용하면 이른바 '억지'를 부리는 것 같아 재미있다. 물론 듣는 상대방이 억지를 부린다는 것을 감지해야 유머가 된다. 지나치게 하면 고집불통이란 소리를 듣게 되니 억지 부리기의 수위를 조절해야 한다.

어느 노인이 친구에게 옛날을 회상하면서 한마디했다.

'내가 아쉬워하는 것은 즐거웠던 옛 시절이 아니고 즐거웠던

옛 밤들일세.'

더 크게 또는 더 작게 과장하라

둘째, 표현을 더 크게 또는 더 작게 과장하거나 약화시키도록 하는 방법이 있다.

'비가 많이 온다'를 '하늘에 구멍이 났다', '지갑에 돈이 많다'는 '지갑이 빵빵하다'라고 표현하는 것을 예로 들 수 있다. 이 경우 실감나는 형태를 나타내는 형용사를 쓰면 생생하고 재미가 더해진다.

이것의 효과는 실감나게 느끼게 할 수 있으며 듣는 사람으로 하여금 흥미와 공감을 불러일으킨다. 과장을 할 때에는 상식을 뛰어넘는 표현을 해야 '그 사람 허풍이 세군' 하며 웃음이 터진다. 그리고 '아주 환상적입니다'와 같이 사물을 구체적으로 묘사하지 않고 아름다운 것을 더욱 아름답게, 추한 것도 아름답게 미화하여 표현하는 방법도 있다.

이 과장하는 방법은 감탄사와 더불어 얼굴표정과 손짓 등 몸짓언어와 함께 사용하면 극대화가 된다.

같은 말을 리듬적으로 반복하라

셋째, 두 번, 세 번 같은 구절, 같은 말을 되풀이하며 리듬감을 주면서 흥을 돋우는 표현법이 있다.

'바쁘다 바빠!'는 같은 말을 되풀이한 예이지만, 때로는 '넘어지고 자빠지고'와 같이 어구의 일부를 비슷한 말을 바꾸어 표현할 수도 있다.

말의 순서를 뒤바꿔라

넷째, 바른 말의 순서를 뒤바꿔서 강조하려는 부분을 앞에 놓는 방법이 있다.

가령, '어서 가거라' 한다면 문법적으로나 논리적으로 제대로 구성하는 말인데, 이를 바꾸어 '가거라, 어서' 하고 표현하는 것이다. 듣는 사람은 어순이 이상해서 귀를 솔깃하게 된다.

예를 들어 '야, 창문!' / '창문 닫아라' / '창문 좀 닫아주겠니?' / '창문 좀 닫아주세요' 등과 같이 같은 의미라도 말의 구조 변형을 통해 많은 표현상의 변화가 이루어지므로 적절히 활용하면 좋다.

비교시켜 돋보이게 하라

다섯째, 비교시켜 돋보이게 한다.

나타내고자 하는 사물과 반대되는 사물 또는 고저 강약의 한 도가 서로 다른 사물을 비교시켜 표현함으로써 사물의 상태나 흥취를 더 한층 강하게 인상을 선명하게 하는 기법이다.

'인생은 짧고 예술은 길다' '여자는 약하나 어머니는 강하다' '잘되면 제 탓, 못되면 조상 탓' 등이 그것이다. 한술 더 떠서 '착 각은 자유, 망신은 영원히'라고 표현하면 맛이 다르다. 둘 이상 을 견주어 보는 것에는 대조도 있다. 비교는 공통점을 강조하는 것인데 반하여, 대조는 차이점을 중심으로 하여 견주어 보는 것 이 다르다.

개념만 노출시켜라

여섯째, 핵심적인 개념만 노출시키는 방법이 있다.

말을 간결하게 줄여 그 핵심이 되는 부분만을 임팩트 있게 이 야기함으로써 여운이나 함축성 있는 말이 되도록 하여 여러 말 을 하는 것보다 오히려 어필하는데 더 큰 효과가 있다. 여기서 는 비교적 생략된 세세한 부분은 듣는 사람의 상상에 맡기는 것이다. 예컨대, 시저의 말인 '왔노라! 보았노라! 이겼노라!'와 같은 표현이다.

천하에 두 개의 큰 기준이 있으니, 하나는 시비是非의 기준이고 다른 하나는 이해利害의 기준이다. 이 두 가지 기준에서 네 가지 등급이 나온다. 옳은 것을 지키면서 이익을 얻는 것이 가장 높은 등급이고, 그 다음은 옳은 것을 지키면서 해를 입는 경우이고, 그 다음은 옳지 않은 것을 추종하여 이익을 얻는 경우이고, 가장 낮은 등급은 옳지 않은 것을 추종하여 해를 입는 경우이다.

– 정약용 : 《가서家書》 중에서

푸틴 대통령이 바깥 나들이를 할 때마다 교통을 통제하는 바람에 모스크바 시민의 불만이 대단했다.

어느 날 푸틴이 '국민에게 더 이상 불편을 끼치지 않기 위해 앞으로 지하철을 이용하겠다'고 발표했다.

다음날 아침, 많은 시민들이 지하철역에 도착했을 때 다음과 같은 안내문이 붙어 있었다. '앞으로 일반인은 지하철을 이용할 수 없습니다.'

과감하게 패러디하라

언어가 없는 사고는 없다. 우리가 머릿속으로 생각하는 것은 소리 없는 언어일 뿐이다.
- 왓슨 -

●●○ '나는 생각한다. 그러므로 나는 존재한다.'
'나는 웃는다. 그러므로 존재한다.'

정보의 바다인 인터넷이나 시중에 떠도는 유머는 대개 패러
디한 것이 많다.

돈키호테도 패러디한 것이다

사전에 의하면, 본래 패러디는 문학의 한 형식으로 저명 작가
의 시의 문체나 운율을 모방하여 그것을 풍자적, 또는 조롱 삼
아 꾸민 익살 시문詩文이다.

고대 그리스의 풍자시인 히포낙스가 그 시조라고 한다. 본격
적으로 패러디한 문학작품이 성행한 것은 주로 18세기 이후에
영국, 프랑스, 독일에서이다. 그 유명한 세르반테스의 《돈키호
테》도 중세 기사의 전설을 패러디한 것이라고 한다.

현재 쉽게 접목될 수 있는 패러디는 문학을 뛰어 넘어 음악,
영화 할 것 없이 모든 예술분야에서 하나의 기법으로 자리잡고
있다. 패러디한 작품은 대개 어떤 인기 작품의 자구字句를 변경
시키거나 과장하여 익살 또는 풍자의 효과를 노린 경우가 많다.

패러디 작품은 모방이기 때문에 창조성이 없으며 때로는 폄하된다.

우리나라의 경우, 인터넷 사용률 세계 최고라는 특수한 상황과 익명성의 이점을 활용에서 '나도 한마디' 한다는 자기 의견의 표출과 스트레스 해소라는 차원에서 패러디 확산이 하나의 새로운 언로言路로서 등장하여 오히려 신문이나 뉴스에서 이를 보도할 정도가 되었다.

거기서 따왔구나

광고를 만드는 사람들은 사람들의 감성을 자극할 방법을 찾아내는 마술사이다. 그래서 광고가 성공하면 세인들의 입에 오르게 되고 곧바로 유행어가 된다.

텔레비전이나 라디오 코미디 빅매치 프로그램을 보고 들으면 '아 거기서 따왔구나' 하는 것을 금방 알아차릴 수 있다. 또한 CF나 신문광고를 보면 어디선가 본 듯한 친숙함을 불러일으킨다.

이렇듯 지금의 패러디는 우리 사회의 요소요소에 적절히 활용되어 그 진가를 발휘하고 있다. 우리도 이를 적절히 패러디해서 활용하면 유머 스피치가 늘게 된다.

- ~의, ~에 의한, ~를 위한~ - 링컨
- ~느냐, ~느냐, 그것이 문제로다! - 셰익스피어
- ~을 알라! - 소크라테스
- ~가 아니면, ~을 달라! - 제퍼슨
- ~하니까 청춘이다! - 김난도

유행어를 익혀라

패러디와 관련된 것이 바로 유행어이다.

유행을 모르는 것은 골동품이다. 지식조차도 유행에 따라야 한다. 혼자 고상한 척하는 것은 스스로를 가두어 두는 것이 아닌지 생각해 보아야 할 것이다. 유행어를 모르면 대화가 잘되지 않는다.

유행어란 어떤 일이 계기가 되어 일정 기간 동안 언중言衆이 즐겨 쓰게 되는 단어나 그런 어구를 가리킨다. 유행어는 당대의 현실과 밀접한 관련이 있으며, 해학적, 비판적 또는 냉소적인 특성을 지니는 경우가 많다. 유행어 중에는 곧 사라지는 것도 있지만, 새로운 어휘로 정착되는 것도 있다.

유행어는 반드시 새로운 말이어야 할 필요는 없다. 그래서 오히려 감성을 자극하는 말이 유행어가 되는 경우가 많다. '워라벨' '강남스타일' '라떼는 말이야' 등과 같이 특정인의 상황이나 CF 등과 연관되어 유행이 되는 경우도 많다.

텔레비전 드라마 제목을 유행어로 인식해서 하는 유머도 있다.

'어디에 사세요?' '삼광빌라요', '어디에 살고 싶으세요?' '펜트하우스요.'

좀 지난 유행어이기는 하지만 명예퇴직이나 정리 해고에 대한 불안감을 반영하듯, 중장년층 사이에 유행했던 다음과 같은 자조적自嘲的인 유행어들도 기억해볼 수 있다.

- 명퇴 : 명예퇴직한 사람을 일컬음
- 동퇴 : 엄동설한에 명예퇴직 당한 사람
- 황퇴 : 나만은 아니라고 생각했다가 황당하게 해고나 퇴직을 당한 사람
- 생퇴 : 안 나가겠다고 울며불며 매달려 보기도 했지만 결국 '생매장(해고)' 당한 사람

소녀는 단 한 사람의 남편을 바란다.
그러나 한 사람의 남편을 얻고 나면 모든 것을 원한다.

– 영국 속담

생각하는 유머

어느 화장실 낙서

신은 죽었다! – 니체

니체, 너는 죽었다! – 신

이거 쓴 놈 죽었다~! – 청소아줌마

네 가지 기발한 화법

사랑은 감미롭다. 그러나 빵을 지녔을 때만이다.
- 이스라엘 격언 -

●●○ 대학교에서는 한 과목에 여러 교수들의 강좌가 개설되어 있는데, 어느 교수는 수강생들이 없어 속을 태우고 또 다른 교수는 수강생들이 넘쳐나기도 한다.

그 차이는 뭘까?

어려운 것도 쉽게 해야 한다

쉬운 이야기도 추상적이고 전문적인 단어를 써서 하면 어려워질 수 있다. 강의도 마찬가지다. 쉽게 머리에 그리지 못하고 어려우면 흥미가 없고, 강의 시간에 조는 학생만 늘어갈 뿐이다. 내용을 보다 풀어서 설명하고, 학생들의 주의를 끌기 위해 질문을 할 필요가 있다. 어떤 질문에 학생이 답을 맞추었을 때 학생들의 일상표현인 '짱이야' 하며 친숙한 단어를 쓰면, 금새 분위기가 전환된다.

평범한 말투를 쓰지 않고 예상을 깨는 기발한 말로 듣는 사람에게 자극을 주거나 익살, 암시, 교훈 등의 뜻을 내포시키는 방법으로 대화에 생동감을 불어넣으면 아무리 관심 없는 사람도 귀를 기울이지 않을 수 없으며, 조금 점잖은 사람조차도 얼굴에 미소를 짓지 않을 수 없다.

예상을 깨라

기발하다는 것은 '유달리 뛰어나다, 빼어나다'는 것이 본래의 뜻이지만, 예상을 깨는 것이어서 듣는 사람으로 하여금 감탄사가 나오게 해야 한다. 그리고 파격적이어야 한다.

예상을 깨는 것에는 다음과 같은 것들이 있다.

- 새로운 것
- 사람에게 일상적이지 않은 것
- 사회적 상식에 반하는 역발상적인 것
- 극도로 좋거나 나쁜 일에 해당되는 것

기발한 표현이나 요즘 말대로 톡톡 튀는 유머를 만들려면 연구하고 또 연구해야 한다.

'만나자'를 '접선하자'로, '만날 장소'를 '접선 장소'로 바꾸어 말하면 상대가 미소를 짓는다.

기발한 말을 하기 위해서 또는 웃음이란 특정한 효과를 유발하기 위해 말의 표면적인 의미 뒤에 숨어, 그와 반대되는 의미를 대조적인 표현방식으로 하면 말의 묘미가 더해지는데, 이른바 아이러니이다.

역설의 기법

역설逆說, paradox도 이와 비슷한데, 겉으로 보기에는 명백히 모순되고 부조리한 것 같지만 표면적 논리를 떠나 자세히 생각해 보면 확실하다든지, 진실된 말을 가리킨다.

예를 들면, '좋아서 죽겠다' '님은 갔지만 나는 님을 보내지 아니하였습니다(한용운 : 《님의 침묵》)' 와 같은 표현이다. 이런 역설에서 의혹이 정반대의 수긍으로 급변하는 데에서 우리는 쾌감이나 카타르시스를 느낀다.

여기에는 이러한 '즐거운 수긍'에 도달하기 위한 긴 설명과 설득의 과정이 역설적 진술로 말미암아 일거에 생략된다. 소위 속담이나 유머를 적절히 인용하는 방법도 아이러니나 패러독스 표현 중에 속한다.

이 테크닉에는 여러 가지 방법이 있다. 다만, 인물의 외양을 묘사할 때, '오뚝하게 솟은 콧날' '한일자로 굳게 다문 입'과 같이 어휘의 속성을 통해 듣는 사람이 그 인물의 성격까지 짐작하게끔 해야 한다.

기발한 말을 하기 위한 네 가지 수사법

첫째, '아닌 밤중에 홍두깨' '작은 고추가 매운 법이다' 등과 같이 모순이 되는 말이나 이치에 어긋난 듯한 표현으로 말의 변화를 꾀하는 방법이 있다.

둘째, '…… 하지만, 그러나 ……(yes, but……)'라고 먼저 긍정하고 부정하는 방법도 있다. 이는 이야기의 상황을 역전시켜 듣는 사람의 추측을 일거에 물거품으로 만드는 것이다.

셋째, '원님 덕에 나발 분다' 등과 같이 익살과 교훈을 섞어 기발한 표현을 하는 방법이 있다. 이 경우 자극적인 속담과 교훈을 선정해야 말하는 묘미가 있다.

넷째, 어떤 개념을 상징하는 단어를 사용하거나, 더 쉬운 말, 우리의 고유어 등을 사용하여 듣는 사람의 감성을 자극한다.

요즘은 '왕王'이란 말을 하나의 형용사처럼 사용한다. 왕따, 왕회장, 왕초보, 왕짜증 등…….

기발한 내용을 창안하기 위해서는 유추적으로 사고하면 도움이 된다. 유추란 '그것은 무엇과 비슷한가?'라는 질문에 답하는 방식의 사고이다. 영화의 한 장면을 떠올리듯이 대상이 지닌 특징을 다른 상황에 옮겨서 생각함으로써 새로운 내용을 발견하게 된다.

'순간에 망하려면 선거에 나가고, 천천히 망하려면 자식에게 예능을 가르쳐라.'

유추적으로 사고하는 데 관점을 새롭게 하면 의미를 발견하는 데 도움이 된다. 일반적으로 순서를 바꾸어 생각하거나, 놓여 있는 시간과 공간을 바꾸어 생각하거나, 제3자가 되어 생각하는 등 관점을 바꾸어보면 새로운 것을 발견하게 된다.

매스 미디어의 발달 등으로 오늘날 우리 문화는 매우 감각적이 되었다.

미국의 사회학자 소로킨의 말을 빌리면, 감각적 문화를 '세속적 · 자연문화적 · 현실적 · 시각적 · 환상적 · 일상적 · 오락적 · 자극적 · 악마적 · 절충적 · 상품적 · 유해적 · 기교적 · 물질적'이라고 표현하고 있다. 실제로 상업광고를 통해 나오는 메시지들은 심지어 말초 감각까지 자극하고 있다. 그래서 사람들은 웬만한 것에는 쉽게 반응을 보이지 않는다.

미리 듣는 사람의 허점을 연구하라

사업가가 시장을 분석하듯이 미리 상황과 상대에 대해 분석하자.

유명 인사의 연설을 듣다 보면, 준비된 말에 매혹 당해 저절로 감탄할 때가 있다. 프로인 개그맨도 어느 부분에서 청중들이 웃을 것이라고 예측하면서 대본을 작성하고 미리 리허설까지 한다.

기업이 하는 광고는 기업의 사활을 건 메시지이다. 15초짜리 CF 1회 방영에 수백 수천만 원씩 써가며 어떻게 하든 소비자의 눈과 귀를 붙잡아 매출이 올라가기를 바란다. 그래서 광고문구는 대중의 관심을 자극하는 기발한 표현을 많이 쓴다. 때문에 광고문들은 가끔 유행어까지 되어 일반인에게도 회자되고 패러디되어 기발한 유머로 탄생하기도 한다.

⋮ 생각의 샘

가령, '돼지를 보면 무슨 생각을 하느냐?'라는 질문을 던졌다고 하자. 이에 대한 답은 사람마다 각자 다를 것이다. 그 이유는 각자가 처한 환경과 상황이 다르기 때문이다.

이슬람교도에게 돼지는 부정한 짐승이다. 정육점 주인은 돼지를 보는 순간 육질과 가격을 생각할 것이다. 수의사는 돼지를 보면서 건강상태를 먼저 보게 될 것이다. 어린이들은 돼지를 보면서 《아기 돼지 삼형제》 동화를 연상할 것이다.

어느 만찬 파티에서 유명한 미국 소설가 마크 트웨인은 천당과 지옥이 어떤 곳이라고 생각하느냐는 질문을 받고 이렇게 대답했다.

'그 질문에 대한 대답은 사양하는 게 좋을 것 같습니다. 왜냐하면 천당과 지옥 양쪽에 모두 내 친구들이 많이 가 있거든요.'

드라마틱한 표현법칙

유머 감각이 없으면 성공하기 힘들고 유머 감각이 있으면 실패하지 않을 것이다.

- 저자 -

●●○ 유머는 타이밍을 잘 잡아야 한다

유머나 조크를 아무리 해도 잘되지 않는다고 생각하는 사람 중에는, 타이밍을 잘 잡지 못해 유머의 효과가 제대로 발휘되지 않음으로써 싱거운 사람으로 간주되는 경우가 많다.

유머가 화기애애한 분위기를 만들지만, 그것도 사람에 따라 다르다. 상대와 동떨어지거나 지나친 유머는 문제를 일으킬 수 있다. 오히려 상대가 화를 낼 수도 있다. 이런 개연성 때문에 유머를 시작하기 전에 그 유머를 받아들이는 상대가 유머를 받아들일 수 있을지 없을지를 먼저 가늠해보아야 한다.

유머나 조크를 하는 타이밍에 대해 한번 생각해보자.

여유를 가지고 기회를 포착하기 위해서는 모든 각도에서 생각하며 듣는 것이 중요하다.

첫째, 대화를 시작하거나 끝낼 때, 전체의 분위기를 살리는 조크를 한다.

둘째, 조크는 상대방의 발언을 듣고 바로 하지 않으면 기회를 놓치는 경우가 많다. 맞장구를 치면서 조크로 표현하는 것도 적기가 된다.

셋째, 토론이 과열되었을 때 '잠시 곰곰이 생각해보죠' 하며 약간 숨을 돌리는 표현을 던진다.

넷째, 이야기가 중도에서 끊겼을 때 한마디하여 화제를 연장시키거나 다른 얘기로 전환한다.

온몸으로 표현하라

개그나 토크 프로그램에 나오는 개그맨이나 출연자가 별다른 표정이 없다면, 보고듣는 재미가 없으므로 오히려 라디오나 오디오 방송을 듣는 것이 더 낫다고 생각할 것이다.

물건이 팔리지 않으면 매장에서 치우듯이, 텔레비전에서도 시청률이 낮게 나오면 프로그램이 어느 순간 사라진다.

마찬가지로 유머를 얘기하는데 별다른 표정과 몸짓 없이 표현한다면 아무리 재미있는 내용이라도 재미가 반감될 것이다.

'자신의 의지를 넌지시 나타내라. 열정은 정신의 창문이며 실제 지혜는 변장술에 있다'는 중세 시대의 스페인 철학자 그라시안의 말처럼, 열정을 가지고 유머라는 변장술을 구사해야 유머를 하는 목적이 달성된다. 이때 자신이 배우가 된다는 생각으로 하면 좋다.

말을 듣는 사람에게 재미를 주고 메시지를 더욱 박진감 있게 전하기 위해서는 자신이 전달하고자 하는 내용을 임팩트 있게 하거나 한편의 '연극'처럼 드라마틱하게 연출해야 할 때도 있다. 연출은 다음과 같이 해야 듣는 사람에게 실감나게 전달할 수 있다.

실제 주인공처럼 하라

첫째, 실제 주인공처럼 한다.

비록 자신이 고안한 유머가 아니더라도 어떤 상황의 전개과정을 설명할 때 또는 줄거리를 가진 이야기를 들려줄 때는 흥미를 더하기 위하여 제3자의 입장이나 해설자의 입장에서 이야기하지 않도록 한다. 자신이 그 이야기 속의 주인공이 되어 실제 대화를 나누는 것처럼 표현한다. 즉 간접화법을 쓰지 말고 직접화법을 사용하는 것이다. 물론 해설자의 입장을 자기가 실제로 한 것처럼 하려면 내용을 각색하는 것이 필요하다. 그리고 의성어나 의태어를 사용하여 보다 과장되게 하면 박진감이 더해진다.

이 테크닉은 대화나 연설의 도입부에 유머나 예화를 들거나 에피소드를 얘기할 때에 적용하면 매우 효과적이다. 그래야 듣는 사람이 이야기에 몰입하게 된다.

이 기법을 도입할 때에는 주인공이 된 입장에서 말하되, 목소리에 감정을 넣고 제스처나 표정연출 등 몸짓을 사용해야 더욱 실감 있게 전달된다.

생생하게 전달하라

둘째, 사물의 속성이나 현상을 생생하게 전달한다.

사람이 아닌 동물이나 식물, 물건의 모습이나 행위를 마치 사람들의 모습이나 행위인 양 묘사하는 방법도 이야기에 재미를 더해준다. 예를 들면, '성난 파도' '시냇물이 속삭인다' 등과 같은 표현으로 사물의 현상을 실감나게 듣는 사람에게 전달할 수 있다. 이 경우, 앞에서 소개한 비유적 표현들을 적절히 가미하면 된다.

마음에서 느낀 대로 표현하라

셋째, 사람이나 물체의 모습, 움직임을 마음에서 느낀 대로 말로 표현한다.

예를 들면, '가슴이 뭉클했다' '찡했다'와 같은 표현이다. 이 경우, '니가 왜 거기서 나와'와 같이 유행하는 노랫말 중에 적합한 것을 골라 쓰면, 그 노래가 연상되어 상대가 미소를 지으며 흥미를 갖게 된다. 그리고 '오버하지마'와 같이 외국어를 적절히 섞어 사용하면 '그만 두라'는 의미를 상대가 부담 없이 받아들일 수 있게 된다.

최근 말이나 글로 표현할 수 없는 순간의 감정을 희극적으로 이모티콘을 이용한 '허무개그'가 인기를 얻었었다. 이같은 허무개그가 인기를 끄는 것은 복잡한 조직생활에서 지친 현대인의 모습을 간접적으로 잘 표현했기 때문이다.

문답식으로 표현하라

넷째, 연극에서의 주인공처럼 하는 방법도 있으나, 경우에 따라 문답식으로 하는 방법도 있다.

유머를 시작하거나 어떤 사건이나 사실을 말할 때, 직접 본론으로 들어가면 효과가 적다고 생각된다면 말하는 사람이 '이것이 무엇일까요?' 하고 질문하고 '이건 …… 입니다' 하며 본인이 답을 하는 것이다. 이 경우 난센스 퀴즈를 내도 좋다. 질문을 하면 상대는 답을 말하려고 궁리를 하게 되고 자연스럽게 이야기에 몰입하기 때문이다.

목소리에 '열정'을 실어서 표현하라

어느 경우에나 너무 단조로운 톤으로 말을 하게 되면, 아무리 좋은 내용을 담고 있어도 의도한 효과를 거둘 수 없다. 재미있는 이야기를 하려면 목소리에 '열정'을 실어야 한다. 평소에 목소리 강약의 조절, 완급과 억양의 조절 등을 통해 자신의 생각이 효과적으로 전달될 수 있도록 연습을 해보는 것이 필요하다.

이 경우 보조도구로서 거울과 녹음기를 활용하여, 자신을 점검하고 피드백하는 것이 필요하다.

생각의 샘

얼굴은 인간의 광고판인 동시에 비밀의 거울이다. 얼굴은 또 조물주의 위대한 조형미술이다. 조형미술의 3대 요소는 색과 형과 선이다. 그리고 조화와 균형 속에서 각자의 깊은 지혜와 개성이 숨어 있어 우리에게 심미감, 고아하고 심오한 함축미를 주고 여기에 한 가닥의 멋이 나타나면 말할 수 없는 매력, 약동하는 생명을 느끼게 한다.

— 윤오영 : 《얼굴》 중에서

몇 주 전 우리 목사님이 남은 치아를 몽땅 뽑고 틀니를 새로 넣었다. 그리고 나서 첫째 주일 설교는 10분으로 끝내셨다. 둘째 주일에는 20분짜리 설교를 하셨다.

그런데 셋째 주일 설교는 1시간 30분이나 계속되었다. 나는 그 까닭을 여쭈어 보았다. 그의 설명은 이러했다.

'첫째 주일에는 잇몸이 아파서 말을 할 수 없더군. 둘째 주일에도 틀니는 여전히 심한 통증을 줍디다. 그런데 셋째 주일에는 실수로 아내의 틀니를 끼고 나갔더니 말이 그칠 줄을 모르더란 말입니다.'

첫 만남에서 상대를

웃음은 두 사람 사이의 가장 가까운 거리이다.
- 빅터 보르게 -

사로잡는 유머

●●○ 가수 조영남 씨가 폐암으로 입원 중이던 코미디언 이주일 씨의 병문안을 갔을 때의 일이다. 경과를 물으러 담당 의사인 이진수 박사를 만나러 갔다.

조영남 씨가 처음 만나는 자리여서 인사차 '죽음을 앞둔 사람과 늘 함께 하시니 얼마나 힘드십니까?'라는 말을 건넸더니 이 박사는 이렇게 받아넘겼다고 한다.

'우리는 모두가 죽어가고 있는 사람이 아닙니까?'

그래서 그 자리에 있는 사람들이 모두 웃었다고 한다.

처음 만나는 자리는 대개 서먹서먹하지만, 이 박사의 위트로 웃음이 터지고 자연스런 대화가 이어질 수가 있었다고 한다.

옷깃만 스쳐도 인연

우리는 수많은 사람을 만나며 살아가고 있다.

직업상 새로운 사람을 만나는 경우도 있고, 여행을 하면서 전혀 몰랐던 사람과도 통성명하는 만남도 있다. 자동차 접촉사고로 '누구의 잘못이냐'를 따지며 처음부터 얼굴을 붉히는 만남도 있다.

수많은 새로운 만남 중에서 일회용 만남도 있지만, 소중한 인연이 되는 만남이 있다. 다시는 안 만날거라고 함부로 대하다가 '원수는 외나무다리에서 만난다'는 말같이 우연치 않은 자리에서 다시 만나 쑥스러워하는 경우도 생긴다.

'옷깃만 스쳐도 인연이다'는 말이 있듯이, 사람과의 새로운 만남은 새로운 세계를 여는 기회가 된다. 남자가 여자를 만나 사랑하고 가정을 꾸리게 되고, 고객과의 만남은 사업 확장으로 발전하는 경우도 있다. 주위에 아는 사람이 많으면, 그만큼 무슨 일을 하든지 든든한 '배경'이 된다.

독일의 시인 괴테가 '첫 단추를 잘못 끼우면 마지막 단추를 끼울 구멍이 없다'고 말한 것처럼 새로운 만남은 관계의 출발점이므로 정말 잘해야 한다.

사랑은 아무나 하나

처음 만나는 사람과 오래 이야기하지 않아도 그 사람의 옷차림, 말씨와 행동 등을 보고 그 사람에 대한 느낌과 평가를 하게 된다. 즉 그 사람에 대한 첫인상을 결정하는 것이다. 물론 평가하는 기준은 남녀가 미팅하는 자리냐, 사업으로 만나는 자리냐에 따라 다르겠지만, 인격적인 평가는 하나의 느낌으로 남는다.

가수 태진아 씨의 노래 중에 '사랑은 아무나 하나'라는 노래가 있다. 물론 사랑은 누구나 할 수 있지만, 진실한 사랑을 주고받을 수 있는 관계란 쉽지 않다. 상대방을 감싸 안을 수 있는 넉넉한 마음과 인격의 소유자이어야만 가능할 것이다. 형식에 치우치거나 겉치레로 하는 말에는 인간미도 없고 정도 사랑도 싹트지 못한다.

대인관계의 첫 단추는 인사하기

아는 사람 중에 먼저 인사를 건네는 데 선수인 친구가 있다. 그는 수위아저씨부터 시작해 만나는 모든 사람들에게 '좋은 아침이죠, 멋진 하루 되세요' 하며 진심을 다해 큰소리로 명랑하게 인사를 건네곤 한다. 덕분에 누구나 그와 인사를 나누는 것만으로도 기분이 좋아진다.

그를 볼 때마다 정겹게 하는 인사가 어떻게 우리 마음을 활짝 열리게 하는지 그 본보기를 보는 것 같아 나 역시 늘 즐거워진다.

대인관계의 첫 단추는 물론 인사하기이다.

첫 만남에서 누가 먼저 인사를 하는가 하는 문제로 기氣싸움이 시작되는 걸 볼 때가 종종 있다.

내가 누구인지 상대방이 알아주기 바라는 마음에서 목에 힘을 주는 경우도 있고, 먼저 인사했다가 행여 자존심을 다치면 어쩌나 하는 우려 때문에 먼저 나서기를 꺼리는 경우도 있다.

그러다가 상대방의 반응이 별로 신통치 않으면 돌아서서 '저 건방진 녀석, 지가 얼마나 잘났다고?'하며 분을 삭힌다. 쓸데없는 자존심만 버린다면 사실 그런 건 전혀 문제가 안 되는데 말이다.

첫 만남에서 서로 호감을 가지면 그 관계는 잘 풀린다. 그러므로 첫 만남이 자신에게 꼭 필요한 경우라면 서로 가까워지도록 의도적으로 대화를 리드해야 한다.

청춘남녀의 경우, 첫 데이트에서 계속 사귀고 싶다는 마음이 들도록 어느 한편이 용기를 내어 가까워지려는 시도를 해야만 관계가 지속될 수 있다. 속마음을 드러내지 않으면 서로 호감을 느낀다고 하더라도 상대의 마음을 알 수가 없어 짝사랑이 되어버린다.

가까워지는 데는 유머가 제일이다

가까워지는 데는 웃음을 자아내게 하는 유머가 제일이다. 먼저 날씨 이야기로 말머리를 꺼내고 상대를 유심히 관찰하면서 오락, 취미, 여행, 여행, 뉴스 등 공통 화제로 이야기를 나누도록 한다. 공통점을 찾는 것이야말로 공감의 첫걸음이다.

그 주제에 대해 관련된 적절한 유머를 삽입하면 대화가 이어지면서 서로 마음의 문을 활짝 열게 된다.

멋있게 칭찬하는 것도 위트다

사람은 누구나 칭찬을 받고 싶어 하므로 상대방의 장점을 찾아내어 적절한 비유를 하면서 칭찬해준다. 사람은 '칭찬을 먹고 사는 동물'이란 말도 있지 않은가.

멋있게 칭찬하는 것도 '위트'다. 칭찬은 막연한 칭찬이 아니라 구체적인 장점을 발견하여 칭찬하면 그 효과가 커진다. 현재 하는 일, 의상, 사무실 분위기 등을 칭찬의 대상으로 삼는다.

'당신이야말로' '당신이 아니면' 식의 상대를 높여주는 찬사를 사용한다. 여성에게는 '미적 감각이 대단하군요' '아름다운 의상입니다' 등 전반적인 스타일에 대해 극찬한다. 그리고 남성에게는 '정말 활력이 넘치는 회사군요' '운동을 잘 하시는군요' 등 회사, 업무, 가족, 출신지, 취미 등을 화제로 삼아 남성다운 능력을 칭찬한다. 노인은 자신의 과거를 이야기하고 싶어하는 경향이 있으므로(공적, 성공담, 역경담 등) '정말 대단하십니다'하며 맞장구를 쳐주며 인정해준다.

사람과 사람 사이에서 생각을 교류시키는 최초의 수단은 말하는 목소리와 첫인상이다. 맑은 목소리와 여유있는 자세는 상대로 하여금 호감을 갖게 하고 믿음을 갖게 한다. 적당한 크기의 음성으로 이야기하고 동시에 음의 고저高低를 붙인다. 대화 시에는 쾌활하고 유머러스한 표현을 구사해야 하며, 입 속에서 중얼거리지 말고 끝까지 확실해야 비로소 마음의 밝음이 상대에게 옮겨진다. 발음은 명확하고 어미까지 분명하게 전달한다.

즐겁게 느끼도록 하라

상대가 나와 대화를 나누는 것이 즐겁게 느끼도록 한다. 대화 도중 가끔 '아하!' '과연!' '그렇습니까?' '왜 그렇죠?'라며 맞장구도 치고 가벼운 질문도 하면서 상대의 이야기를 진지하게 듣고 있음을 알리는 것이 바람직하다. 그렇게 함으로써 상대방의 생각이나 기분을 알게 되며, 이로 인해 두 사람의 거리는 아주 가까워지게 된다. 경우에 따라 분위기가 흐트러지지 않을 정도의 유머를 사용한다. 다만, 상대가 보수적이고 고지식한 사람이라면 조심해서 사용해야 한다.

∴ 생각의 샘

기업에 이미지(CI)가 있듯이 각 개인에게도 PI(personal image)가 있고 그 이미지를 잘 유지하려고 한다. 우리나라 사람들에게는 강한 자존심, 이른바 체면이라는 것이 있다. 우리가 지켜야 할 체면과 버려야 할 체면은 어떤 것이 있을까?

내로남불

'나도 수십 대 일의 경쟁을 뚫고 당당히 공채시험에 합격해서 들어 왔다구요. 그 일은 나보다 후배가 해야 되는 것 아니에요. 남녀 평등시대라고요. 무슨 일이든 맡겨보세요. 여자라고 못 할 것도 없으니까요'하며 평소 말끝마다 남녀평등을 주장하는 여자 직원, 그러다가도 야근이나 힘든 일이 생기면 예외없이 이렇게 나온다. '과장님, 저는 여자잖아요. 저는 좀 빼주세요. 대신 내일 아침 일찍 나올게요. 그럼 수고들 하세요. 저 먼저 갈게요.'

일에는 즐거움을

건강한 사람은 사고, 감정, 감각, 직관의 모든 기능이
어느 한쪽으로 치우치지 않고 균형 있게 조화를 이루는 사람이다.
- 융(C. JUNG) -

일터에는 위트를

●●○ 직장은 인생의 중요한 무대이다.

우리는 많은 시간을 직장에서 보낸다. 직장에 들어간 후 정년 퇴직을 할 때까지 인생의 황금기를 대부분 직장을 위해서 보내고 있다. 그러므로 직장의 발전이 나의 발전이라는 생각으로 즐겁게 일하는 것이 좋지 않을까.

인생을 즐겁고 의미 있게

개인 입장에서 직장생활을 한다는 것은 자신의 꿈을 이룰 수 있는 자아실현의 장에서 활동한다는 것이고, 성공과 부를 얻기 위해 활동한다는 것이다. 또한 이 생활을 의미 있고 보람 있게 보낸다는 것은 자신의 인생을 행복하게 만드는 것이라고 생각한다.

그런데 직장생활도 인간의 삶이라 여러 문제에 부딪치고 뜻대로 되지 않기도 하는 등 수많은 굴곡이 있게 마련이다.

직장생활의 출발점은 일이지만 그 일과 얽힌 수많은 관계 즉, 상사, 부하, 동료 등 사내뿐 아니라 고객과 같은 외부에서의 네트워크가 어우러져 목표 달성을 위해 서로 협조해야만 하는 특별한 인간관계가 존재하는 것이다. 직장이 천국인 사람도 있고 지옥인 사람도 있을 것이다. 어떤 차이일까? 늘 긍정적인 태도로 일을 즐기고 사내 인간관계를 잘 형성시키는 차이일 것이다.

직장에서 우리는

상사의 권위와 변덕에 눌려 좋은 아이디어가 묵살되고 자유 의지가 말살되어 가는 '나', 동료와의 시샘 때문에 고민하는 '나', 올라가야 할 자리에 오르지 못해 어느새 직장에 가기가 싫어지는 '나', 직장에서나 가정에서나 대접받지 못하는 '나'. 이런 '나'에게 꿈은 사라지고 웃음을 잃고 무표정하게 일에 매달린 자신을 발견하게 될 것이다. 이런 삶은 살맛이 나지 않는다.

부하와의 관계에서 목표 달성에 눌려, 독단과 아집에 사로잡혀 부하를 수족인 양 생각하고 있는 '나', 책임 회피를 위해 과감히 결단할 줄 모르는 '나', 자리에 연연해서 사람을 키우지 못하는 '나'. 이런 '나'에게서 치고 올라오는 후배에게 언젠가 자리를 내놔야 하는 불안 속에 근엄함으로 위장한 자신을 발견하게 될 수 있다.

반대로, 이런 '나'도 있다. 동료와 함께 프로젝트를 성공시켜 좋은 팀워크를 보여준 '나', 상사로부터 인정받고 있는 '나', 뛰어난 아이디어와 창의력으로 조직의 숙제를 풀어나가는 '나', 조직에 없어서는 안될 유능한 사람으로 인정받고 있는 '나', 부하들을 잘 리드하여 무슨 일이든지 임파워먼트할 수 있는 나. 이런 멋진 사람인가? 성취감으로 웃음이 가득하고 부와 명예가 따르는 자신이 되도록 즐겁고 신나게 노력하자.

어떤 '나'가 좋은가?

지금은 셀프 리더십self-leadership 의 시대이다.

셀프 리더가 된다는 것은 스스로 나아갈 방향을 정하고 자기 자신에게 동기를 부여하는 것이다. 물론 일은 힘들다. 힘들기 때문에 매력이 있는 것이 아닐까? 인생은 도전이다. 자신의 역량을 결집시켜 자신의 꿈이 이루어지도록 해야 한다. 자기 자신을 리드할 수 있는 역량과 대인관계 기술을 갖추어야 한다.

적절한 유머를 구사하는 능력은 현대인이 갖추어야 할 능력이다.

예전과 달리, 하루 종일 컴퓨터에 매달리는 디지털 세대는 다른 사람과의 접촉 시간이 자연히 줄어들어 감정 조절이 떨어지고, 대화능력이 부족해지며, 동료애와 협동심이 약해졌다. 그

결과 일이 원만하게 이루어지지 않는 커뮤니케이션 문제가 조직의 문제로 등장하고 있다.

사회나 조직생활을 보다 밝은 마음, 밝은 표정, 밝은 말씨로 꾸며 보라. 사람을 대할 때마다 위트로 상대와의 장벽을 무너 뜨려라. 그러면 부하가 따라주고, 동료가 도와주고, 상사가 인정해준다. 더 나아가 고객까지도 도와주게 될 것이다.

이렇게 협조하는 관계가 이루어지면, 마음까지 가볍고 스트레스가 없어 좋은 아이디어가 떠오르고 신바람이 난다. 그리고 도와주는 동료가, 고객이 고맙다는 생각에 세상이 아름답게 보인다. 이 정도에 이르면, 불가능하게 생각되었던 문제도 풀리고 성과가 나면서 조직도 발전한다. 결국 셀프 리더십은 사람을 움직이는 지도력이 되는 것이다.

일에는 즐거움을, 일터에는 유머를

현대인의 삶은 경쟁과 스트레스의 연속이다. 집에서, 직장에서, 학교에서 크고 작은 스트레스를 피할 수 없는 것이 바로 현실이다.

스트레스에는 크게 두 종류가 있는데, 가정에서의 자녀 문제,

경제적인 문제, 친족들과 원만치 못한 관계 등으로부터 생기는 '생활 스트레스'와 직장에서 상사로부터, 동료로부터, 하급자로부터 직무수행과 관련하여 받게 되는 '직무 스트레스'가 있다. 스트레스가 쌓이면 일할 의욕을 잃게 되고 좋은 생각도 나지 않으며 주위 사람에게 짜증을 부리게 된다. 짜증이 심하면 병이 되기도 한다.

예전 미국, 유럽의 기업들에서 '일에는 즐거움을, 일터에는 유머를'이라는 '유머 경영' 바람이 불었었다. 유머 경영은 직원들에게 유머 훈련을 받게 함으로써 직장 분위기를 밝게 하고 생산성이 높아지는 효과가 있다.

우리 기업도 워라벨을 중요시 여기며 즐거운 근무환경을 조성하는 기업이 늘고 있다. 어떤 기업들은 입사 면접시험 때 응시자들에게 면접관을 웃겨보라고 하거나 최근에 남을 웃긴 게 언제였는지 질문하기도 한다.

유머 경영의 효시라는 미국의 사우스웨스트 항공사 직원들은 '오늘은 무슨 재미있는 일이 일어날까?'를 기대하며 출근한다고 한다. 그리고 그 기대감 때문에 발걸음이 빨라진다고 한다. 스프린트 코퍼레이션은 '오늘은 웃는 날'을 지정해 가장 익살맞은 사진 찍기 대회를 연다고 한다. 이런 환경은 마지못해 직장에 다닌다는 부정적 의식을 긍정적 사고로 전환해주고 어느새 애사심과 동료애를 강화해준다.

우리는 변화의 주도자가 될 수 있다

회사가 아무리 애를 써도 조직원이 변하지 않으면 소용없다. 스스로 변화의 주도자가 되어야 한다. 짧은 유머를 준비해서 먼저 팀원에게 유머를 던져라.

그러면 상대도 즐겁게 마음을 열고 좋은 관계를 형성할 것이다. 하루아침에 변하지는 않겠지만, 사무실 분위기가 점차 변하게 되며 '힘드니까 직장이다' 가 아니라 '즐거우니까 직장이다' 가 될 것이다.

생각의 샘

너희 중에 누구든지 크게 되고 싶은 사람은 남을 섬기는 사람이 되어야 하고, 으뜸이 되고 싶은 사람은 모든 사람의 종이 되어야 한다.
– 마가복음 10 : 44~45

위궤양을 앓고 있는 어느 야구팀 감독이 팀 전속 의사한테 진찰을 받으러 갔다.

'야구장을 일단 떠나면 흥분하지 말고, 화내지 말고, 야구에 대해서는 아주 잊어버리도록 하는 것을 명심하세요'라고 의사가 말했다.

'알겠습니다. 의사 선생님 말씀이면 무엇이든 따르겠습니다'라고 감독이 말했다.

'그런데 말이에요, 어제 9회 말 2사 후 왜 투수를 타석에 내보냈지요?'라고 의사가 물었다.

좋은 관계를 위한

이 세상에서 성공하기 위해서는 바보처럼 보이는 가운데서 실리를 취하지 않으면 안 된다.
– 몽테스키외 –

세 가지 방법

●●○ 레이건 미국 전 대통령은 짧게 한마디씩 하는 조크를 잘 하기로 유명했다. 그가 1981년, 존 힝클리라는 정신병 환자의 저격을 받아 가슴에 총상을 입고 수술을 받은 후의 일화이다.

부인 낸시 여사가 회복실에 들어오자 그는 '여보, 총알이 날 아올 때 납작 엎드리는 걸 잊어 먹었어. 영화에선 참 잘했는데 말이야'라고 조크를 해서 걱정스러워 하는 부인을 배려했다. 그 때 낸시 여사는 아마도 속으로 믿음직한 나의 남편이라고 생각 했을 것 같다.

사람을 대할 때의 세 가지 유형

사람들은 보통 다른 사람을 대할 때 세 가지 유형 중에서 하 나를 취한다고 한다.

첫째, 나에게 꼭 필요한 사람으로 우호적인 관계를 이어가야 할 사람, 둘째, 있어도 좋고 없어도 좋은 사람으로 굳이 적극적 인 관계를 맺지 않아도 되는 사람, 셋째, 함께 있으면 좋지 않은 사람으로 가급적 만남을 피하고 싶은 사람이다. 나는 어떤 유형 의 사람일까?

현재 자신이 알고 있는 사람들의 이름을 종이에 적어 보라.

종이에 적은 사람들과 나빠지는 관계인지, 보통 관계인지, 좋아지는 관계인지, 정체되어 있는 관계인지를 살펴보고 자신이 회피했는지, 상대가 회피했는지 체크해 보라. 가정에서나 직장에서 특히 가까워져야 할 관계가 점점 나빠지고 있지 않은지 잘 체크해 보라.

직장에서는 잘하면서 가정에서 잘못하는 것도 문제이지만, 직장에서 상사에게는 잘하면서 동료에게는 믿음을 주지 못하는 것도 문제가 된다. 또한 동료들로부터는 신임을 받으면서 상사에게 인정받지 못하면 역시 문제가 아닐 수 없다.

말을 하지 않으면 문제가 더 커지고 만다. 얼음장같은 사이라면 녹여야 한다. 그래야 스트레스도 없어지고 행복해진다. 먼저 웃으면서 다가가라. 그리고 노력하라. 상대가 환영하지 않는다 하더라도 나중에라도 당신의 노력을 평가할 것이다.

좋은 인간관계는 좋은 친구, 좋은 직장을 만났다는 느낌을 주고 연대감과 소속감을 높이며, 삶 자체에 의미를 갖게 한다.

관계를 좋게 하는 3단계 방법

인간관계를 돈독히 하려면 '가까이 하기' '알리기' 그리고 '장애물 없애기'를 하라. 여기서 특히 우리의 마음에서 정리해야 할 것은 '그 사람이 나를 싫어하는 것이 아닐까, 귀찮게 하는 것이 아닐까' 하는 부정적인 생각을 없애야 한다.

이런 마음으로는 대화도 제대로 되지 않는다. 특히 처음 만난 남녀들이 갖게 되는 고민도 여기에 있는 것이 아닌가 싶다. 그래서 '용기 있는 자가 미인을 얻는다'는 말이 생긴 것 같다.

적극적인 자세로 '가까이 하기'는 상대에게 마음을 열고 있음을 알려주는 긍정신호가 된다. 가까이 할 때에는 상대를 편안하게 해주어야 한다. 짤막한 유머를 미리 준비하여 즐거운 분위기를 연출하도록 한다.

나이에 관한 재미있는 유머가 있다.

어느 자리에서 한 남성이 구면인 여성의 나이를 물었다. '스물 일곱이에요' 그 여자가 웃으면서 대답했다. K씨는 '당신은 10년 전에도 우리에게 스물 일곱이라고 말했지 않소?' 하고 물었다.

'당신은 그럼 내가 쉽사리 마음이 변하는 그런 여자라고 생각하세요!'라고 그 여성이 당당하게 말했다.

'알리기'는 자기를 알릴 뿐만 아니라 상대를 앎으로서 서로가 서로를 알아가는 범위를 넓혀 가는 것이다. 나태주 시인의 풀꽃이라는 시처럼 '이름을 알고 나면 이웃이 되고 색깔을 알고 나면 친구가 되고 비밀까지 알고 나면 연인'이 된다.

'겸손'은 인간관계의 버팀목

좋은 인간관계에서는 겸손이 요구된다. '겸손'은 인간관계의 버팀목이다.

너무 잘난 척하면 유리에 금가듯이 관계에 금이 간다. 자신을 낮추면 여유가 생기고, 대화의 밀도가 높아지고 편안한 느낌은 좋은 대화의 시작이 된다.

《퍼레이드》지에 인간관계를 돈독히 하는 대화요령이 소개된 적이 있는데 겸손이 무엇보다도 중요하다는 것을 가르쳐준다.

- 11자로 된 가장 중요한 말 : 제 실수였음을 인정합니다.

- 10자로 된 가장 중요한 말 : 정말이지 잘하셨습니다.

- 9자로 된 가장 중요한 말 : 보시기엔 어떻습니까?

- 6자로 된 가장 중요한 말 : 부탁드립니다.

- 5자로 된 가장 중요한 말 : 고맙습니다.

- 3자로 된 가장 중요한 말 : 우리는
- 가장 중요하지 않은 말 : 나는

조금만 관계가 깊어지면 방심하게 된다.

어느새 상대를 배려하는 마음은 사라지고 자기 입장만을 내세워서 대화가 안 되고 불만이 늘게 된다.

'장애물 없애기'는 이런 관계에서 돌출되는 문제를 없애고 매너리즘을 없애는 것이다.

부부관계에 권태기가 있듯이, 처음에 느꼈던 호감이 사라지고 상대의 장점보다 단점이 더 크게 느껴지기 시작하면 더 이상 관계가 진전되지 않는다. 이런 관계가 지속되면 점차 갈등관계로 변질되거나, 관계가 흐지부지해져 버린다. 따라서 초심과 겸손의 자극이 필요하다.

근엄하고 딱딱하게 말하지 말고, 위트를 섞어가며 새로운 매력과 열정을 보여 주어야 한다.

《탈무드》에 '남편이 부인으로부터 섬김을 받으려면 부인에게 먼저 황후대접을 하라. 그러면 당신을 왕으로 모실 것이다'라는 말이 있다.

생각하는 유머

결혼 후, 천당과 지옥을 경험하며 사는 어느 남자가 신세한탄(?)을 하는 유머이다. 신혼시절과 지금을 비교하면서 결혼생활을 풍자하고 있다.

(신혼 때) 월급날엔 정말 반찬이 틀렸습니다. 반찬이 아니라 요리였습니다. 그 옛날 임금이 먹던 수라상 부럽지 않았습니다. 그러다가 너무 먹어서 소화제 사러 한밤중에 약국을 찾아 헤맨 적이 한두 번이 아닙니다.

(지금) 월급이 입금되면 '쥐꼬리 같은 돈으로 어떻게 사냐? 회사 낼부터 걸어다녀욧…. 사네, 못사네' 하며 바가지 긁히며 쪼그려 앉아 밥 먹습니다. 그래서 다리 저려 속으로 웁니다.

유머로 비판에

인간을 만드는 것이 이성이라면, 인간을 이끌어 가는 것은 감정이다.
- 루소 -

대처하기

●●○ 세계 2차대전의 영웅인 영국의 처칠 수상이 처음으로 하원의원 후보로 출마했을 때 그의 라이벌 후보는 합동 정견발표회에서 '내가 듣기로는 나의 상대방 후보는 아침에 일찍 일어나지 않는다고 합니다. 만일 그게 사실이라면, 그런 게으른 사람은 의회에 앉을 자격이 없다고 나는 말씀드리고 싶습니다'라고 인신공격을 했다고 한다.

뒤이어 등단한 처칠은 역으로 '글쎄요, 당신이 나같이 예쁜 부인과 산다면, 당신도 아침에 일찍 일어나지 못할 걸'이라고 조크로 응수해서 상대의 비판을 오히려 자신을 돋보이게 하는 위트로 응대했다고 한다.

비판 이겨내기

우리는 살아가면서 남들로부터 비난과 비판을 받을 수 있다.

나의 잘못을 지적하고 잘되라고 하는 합리적이고 건설적인 비판은 그런 대로 참을 수 있지만, 감정을 앞세운 비난은 모욕적이고 참기 어렵다. 또한 부모의 잔소리처럼 아무리 건설적인 비판이라 할지라도 자꾸 반복하면 잔소리가 되고 비난으로 들린다.

'무슨 일을 그렇게 하나' 하며 직장생활에서 상사의 비판을 들으면 쥐구멍을 찾고 싶은 심정이 되는 것은 모든 직장인들의 심리일 것이다.

우리는 비판을 받게 되면 대개 비판하는 사람이 '잘못 생각하고 있다' '오해하고 있다'며 억울하다는 느낌을 먼저 갖게 된다. 그러나 어느 연구에 의하면, 놀랍게도 비판의 90% 가량이 옳다는 것이다. 따라서 비판을 받은 입장에서는 불쾌하고 괴롭겠지만, 그것을 오히려 자기 발전의 원동력으로 삼아야 한다.

나아가 그 사람을 나의 멘토로 만들면 우리는 멋진 승자가 될 것이다.

솔직하게 수긍하며 맞장구쳐라

다툴 때에도 절대 냉정을 잃지 않아야 한다. 냉정함을 잃으면 자신을 지킬 수가 없고 오히려 사태만 악화시킨다. 상황을 주도하려면 격분하지 말고 그것을 초월한 것처럼 행동하라.

비판이 진실인 경우, 맞서지 말고 '그래 당신 말이 맞아! 다 나 잘되라고 하는 말인 줄 알고 있어. 고마워' 하고 웃으면서 솔직하게 수긍하며 맞장구치는 것이 상대에게 오히려 미안함을 안

겨주는 결과가 된다.

상사가 지적하고 비판하면 다음과 같이 해보라.

'제 탓입니다!'

'아픈 데를 찌르시는군요. 하지만 저를 그렇게 깊이 생각해주
셔서 고맙습니다' 라고 하면 웬만한 상사는 '미안하다'고 사과하
고 더 발전된 관계가 될 것이다.

오히려 더 요청하라

비판을 받으면 순간적으로 불쾌하고 짜증이 나지만 오히려
더 비판할 것이 없냐고 요청하면 비판자는 곧 협력자로 바뀌
게 된다. 즉 비판을 오히려 단점을 고치는 계기로 활용하는 것
이다.

'제 행동 중에 잘못된 것이 더 없습니까? 말씀해주시면 바로
잡겠습니다.'

'제가 모르고 실수했습니다. 어떻게 하면 되지요. 도와주세
요.'

위트로 대응하라

악의에 찬 비난에 대해서는 우회전술로 비유법을 쓰면 화를 내는 것보다도 더 효과적이다. 앞에서 소개한 처칠의 위트처럼 또 하나의 멋진 이야기가 있다.

미국 AT&T의 연례 주주총회에서 한 여성주주가 최고경영자였던 프레데릭 카플에게 AT&T가 너무 많은 돈을 자선단체에 기부한다며 도대체 얼마나 기부했느냐고 따졌다.

카플이 '작년에는 1천만 달러를 기부했다'고 하자 그녀는 '조만간 나도 가난뱅이가 되겠다'며 비꼬았다. 그러자 카플은 '(자선단체에) 충분히 기부했으니 그래도 괜찮을 것'이라고 위트가 넘치는 응수를 하여 주총장에서는 폭소와 박수가 터져 나왔다고 한다.

자신감은 위트의 원천

이런 위트를 할 수 있는 이유는 스스로 낙관한다는 것, 자기가 옳다고 생각하는 자신감에서 나온다는 사실이다. 방한한 적이 있는 세계 여성운동의 대모代母로 불리는 미국의 글로리아 스타이넘 여사는 '가정 안에서의 남녀평등'을 다음과 같이 위트있게 말했다.

'물론 물고기(여자)가 자전거(남편)를 원할 수 있습니다. 하지만 꼭 필요로 하지는 않습니다. 여성이 남편 없이 경제적으로나 사회적으로 홀로 설 수 없는 시대는 이미 지나갔으니까요.'

생각의 샘

비판이나 비난이 나오는 것은 그만큼 관심이 있다는 것이다. 무관심에서는 비판이나 비난이 나오지 않는다.

'여보, 담배 좀 끊어요! 뉴스도 안 봐요' 하고 얼굴을 반색하는
아내. 담배를 끊으라는 잦은 채근에 남편이 한마디 한다.

'당신은 사랑하는 사람을 버릴 수 있어? 난 당신보다 먼저 사랑
한 것이 담배야. 벌써 20년이나 사랑했는 걸.'

멋
지
게

비
판
하
기

말하지 않으면 귀신도 모른다.
- 속담 -

●●○ 월남 이상재 선생의 손자 이홍직이 배재학당을 졸업하는 날 월남도 그 졸업식에 참석했다. 이때 내빈과 학부형들이 졸업식 축사를 하는데 조선총독과 도지사 대리로 참석한 두 조선인 관리가 축사를 대신 낭독했는데 모두 일본말로 했다.

다음으로 월남 차례가 되었다. 단상에 오른 그는 대뜸 '여러분, 조선말 들으실 줄 아시오? 나는 일본말을 몰라서 조선말로 하오' 하고 말했다. 그 말에 일본말로 축사를 대독한 두 조선 사람은 너무나 무색하여 얼굴을 들지 못했다.

살다 보면 남을 비판할 경우가 있다.

한 가지를 비판하려면 먼저 두세 가지를 인정하거나 칭찬하고 나서 비판하는 것이 좋다. 부분적인 잘못을 전체로 확대하거나 사소한 실수를 확대해서 인신공격적으로 말해서는 안 된다.

연주를 멈춘 스토코프스키

영국의 유명한 오르간 연주자이자 미국 뉴욕 필하모닉 지휘자였던 스토코프스키는 오케스트라의 마술사라고 불릴 정도로 탁월한 능력을 가지고 있는 음악가였다. 그는 자신의 연주회에서 수많은 청중을 탁월한 카리스마로 장악했다고 한다.

그의 연주회에는 언제나 많은 청중이 몰리는데, 그 날도 연주회장은 빈자리 하나 없이 꽉 들어찼다. 그는 짧은 인사와 함께 간단한 유머로 청중을 웃긴 뒤 곧 연주에 들어갔다. 감미롭고 현란한 음악이 마치 한 폭의 수채화처럼 울려퍼져 장내 분위기가 무르익기 시작하자, 눈을 지그시 감고 아름다운 선율에 몰입했던 청중은 갑자기 놀라 눈을 떴다고 한다. 연주가 중단되었기 때문이었다.

앞좌석에서 한창 소곤거리고 있던 두 부인도 장내가 갑자기 조용해진 것을 깨닫고 잡담을 중단하고 지휘자를 올려다보았다.

'죄송합니다. 부인들께서 하도 긴요한 이야기를 하시는 것 같아서, 혹시 제가 방해가 될까 봐 잠시 연주를 중단했습니다. 이제 다 끝나셨습니까? 그러면 다시 연주를 계속하겠습니다.'

말을 마친 그는 멈추었던 손을 다시 움직여 연주를 계속했고 얼굴이 벌겋게 달아오른 두 부인은 고개를 들지 못했다고 한다.

인격적인 비판은 하지 마라

아무리 좋은 뜻에서 하는 건전한 비판이라도 인격적으로 상처를 남기는 말은 삼가야 한다. 특히 어떤 기준을 두고 어떤 사람은 더 좋다, 어떤 사람은 더 나쁘다고 비교하는 것은 오히려 분쟁을 일으키는 '뇌관'이 된다. 비교는 열등의식을 낳고, 열등의식은 삶을 부정적으로 만든다.

'남들은 승진하는데 당신은 늘 그 자리에……'
'아무리 뛰어봐야 엽전이야!'
'누구는 하는데 너는 왜 못 하느냐.'
'아깝다. 너는 왜 이것밖에 못 했어.'
'아무개집 아이는 공부를 잘하는데 너는 이게 뭐냐.'
'미련한 놈.'
'곰 같은 놈.'

친구 사이에서도, 부부 사이에서도 남과 비교해서 말할 때 매우 싫은 것처럼 남들도 그렇다는 것을 염두에 두고 비판이 필요하다면 멋진 말로 비판을 해야 한다.

칭찬의 언어로 전달하라

상대방을 변화시키기 위해 숱한 충고와 독설을 해도, 상대방에게 아무 변화가 없었던 경험이 있을 것이다. 이럴 때 상대방을 꼭 변화시키고 말겠다는 조바심을 가지기보다는, 상대방이 이런 사람이었으면 좋겠다는 생각을 칭찬의 언어를 통해 부드럽게 전하는 것이 훨씬 효과적일 때가 많다.

그것은 상대방을 배려하고 자신도 배려하는 마음을 가졌을 때 가능하다. 타인을 대할 때 항상 상대방의 장점을 찾기 위해 노력하라. 그리고 상대방의 태도가 마음에 들지 않을 경우에도 마음의 여유를 가지고 상대방을 이해하기 위해 노력하라. 그렇게 한다면, 당신은 항상 얼굴에 웃음과 칭찬의 언어를 담고 있는, 누구에게나 사랑 받는 사람이 될 것이다.

비판을 하고 싶을 때 다음의 말을 기억하면 좋을 것이다.

'비판은 천천히 하고 감상은 빨리 하자. 시비는 천천히 하고 화해는 빨리 하자.'

우리 사회에서는 몇몇 사람에 국한하는 개별적 사실을 모든 사람들로 보편화시키는 오류를 범한다. 신문이라든가 TV 뉴스 프로그램이 이런 오류를 자주 범한다. 소수의 부정이나 잘못된 행동을 전체인 것인 양 매도하는 것이 대표적인 보기다. 남을 비판할 때에는 왜 그렇게 하지 않으면 안되었는가를 알아보는 것이 우선이 아닐까?

– 엘린슨 A : 《교양인간관계론》 중에서

대머리 부장은 직원들의 꼬투리를 잡아야 직성이 풀리는 심술쟁이였다. 어느 날 머리 모양을 자주 바꾸고 왁스를 늘 사용하는 젊은 직원이 표적이 되었다.

'자네는 머리에다 끊임없이 돈을 투자하는구먼. 그러다가는 융자를 받아야 할지도 모르겠네 그려' 하며 부장은 능글맞게 웃으며 말했다.

그 말을 들은 젊은 직원이 다음과 같이 태연하게 대꾸했다고 한다.

'걱정해주셔서 감사합니다. 부장님께서 머리에 투자하지 않으시고 모아둔 돈을 제게 주시면 되겠네요.'

직장 내 갈등 풀기

크게 버리는 사람만이 크게 얻을 수 있다.
- 불교의 인과법문 -

●●○ 뉴욕에 있는 WACC의 마케팅 부사장인 수잔 코치 여사는 어느 날 그녀의 성공에 불만을 가지고 있는 남자직원이 동료들에게 그녀가 쌓은 성과들을 대수롭지 않은 것이라고 비판하고 개인적인 사생활에 관해 좋지 않은 소문을 퍼뜨리고 다닌다는 사실을 알게 되었다.

오히려 그녀는 그를 만날 때마다 화내지 않고 미소를 지으며 온화한 태도로 한마디씩 칭찬을 해주었고, 그는 결국 그녀를 비방하는 것을 그만두었다고 한다.

갈등의 유형

사람이 사는 곳에는 반드시 갈등이 있기 마련이다. 우리가 살아가는데 어려움을 겪는 것 중에 하나가 다른 사람과의 갈등이다. 아마 직장인이라면 직장 내의 문제로 갈등을 겪어보지 않은 사람은 없으리라.

직장 내의 갈등은 개인 간 갈등, 집단 간 갈등이 일반적이다. 생산 부서와 판매 부서와의 관계와 같이, 직장에서는 개인 간뿐만 아니라 팀이나 과課, 부部와 같은 집단 간에서도 야기될 수 있다.

개인 간에 벌어지는 갈등은 상사와 부하 사이, 동료와의 사이에 서로 다른 가치관이나 상대에 대한 기대감, 책임회피, 묵은 원한 등 주로 개인적인 문제로 생긴다. 또한 직장에서의 애매하고 불명확한 업무처리의 기준 그리고 한정된 인적·물적 자원 때문에도 갈등이 발생하기도 한다.

사무실의 미래를 예견하는 유머가 있다.

미래의 사무실에는 필요한 것이 딱 세 가지, 즉 컴퓨터 한 대와 사람 한 명, 개 한 마리. 사람은 먹이와 물을 주기 위해 필요하고 개는 사람이 컴퓨터에 접근하는 걸 막기 위해 필요하다는 것.

여기에도 갈등이 있을까.

젊은 세대 직장인들이 늘어가는 오늘날과 같은 다원화된 사회에서는 개성과 다양성이 존중된다. 그러나 세대 간의 가치관 차이 때문에 문제가 생긴다. 종종 문제가 생기면 처음에는 사람이 좋다고 느껴지던 상사가 시도 때도 없이 사람을 모아놓고 군기나 잡고 심통이나 부리는 '고약한 시어머니'처럼 보이고, 상사의 눈에는 젊은 부하직원이 천방지축으로 보일 것이다.

갈등관계는 개인이 속으로 감정을 삭이며 참아내다가 외부 행동으로 나오므로 다소 시간이 걸린다. 사람에 따라 겉으로 보기에는 아무런 문제가 없는 것 같지만 속으로 마음 고생하는 사람도 있다. 갈등은 사무실에서, 사무실 밖에서 비판이나 비방을 통해 자존심이나 명예에 누를 끼치는 상대방의 언행과 태도로 나타난다.

집단 갈등은 같은 부서 집단이 다른 사람이나 집단과의 상호작용이나 활동으로 상대적 손실을 입거나 입을 것이라는 것을 지각한 결과 대립, 다툼, 적대감이 발생하는 행동으로, 심할 경우에는 방해행위도 하게 되고 단체 행동으로 확대되기도 한다.

갈등 현상은 이권이 개입된 회의석상 같은 자리에서 확연히 드러난다. 갈등이 심화되면 상대의 의견을 폄하하고 비난만 하게 된다. 각 구성원들이 제시하는 다양하고 진지한 반론은 큰 실책을 막을 수 있는 긍정적 기능을 하지만 오직 부정적 비판만을 하는 것은 불필요한 소모전이 되기 쉽다.

부정적 갈등이 존재하면 당사자들은 매우 피곤하고 조직에는 항상 먹구름이 끼게 되고 심지어 감정이 생겨 경쟁사로 이직하는 사태까지 발생하기도 한다. 미국에서 조직 내 관리자들은 갈등관리에 자신의 총 활동시간의 21%나 소비한다는 보고서가 있을 정도이다.

갈등을 처리하는 스타일은 사람마다 다르다

자신과 상대방의 이해관계를 정확히 파악하여 문제 해결책을 강구하는 형이 있는가 하면, 타인의 관심부분을 충족시키기 위해 자신의 것은 포기해버리는 형이 있다. 그리고 상대방의 입장을 전혀 고려하지 않고 자기 입장만 밀어붙이는 형, 서로의 입장을 양보하고 제3자의 개입이나 협상 또는 표결의 방법을 동원하는 형이 있다.

갈등이 있으면 해소해야 한다. 개인 간에 문제가 있으면 회피하거나 방치해두면 골만 깊어간다. 문제의 당사자나 집단의 관리자가 보다 결자해지結者解之의 정신으로 해소해야 한다.

'이건 안 됩니다' '우리 부서는 리더십이 없어요' 하며 직장 내에서 상사를 능가하려는 행위를 직선적으로 한다면 그것은 오히려 '건방지다'는 비난을 면하기 어렵다. 간접적인 방법을 활용하여 공을 상사에게 돌리거나 유머러스하게 자기의 의견을 제시하면 상사도 웃으면서 지지해 줄 것이다.

직장 내 갈등을 해소하는 방법

조직 내 갈등을 해소하는 방법에는 갈등을 겪고 있는 당사자나 관리자가 대면해서 서로의 입장을 밝히고 갈등의 원인을 규명하여 해소하는 방법, 상급자가 권한을 행사하여 갈등을 해소하는 방법, 공동의 관심사를 강조함으로써 공동의 목표를 서로 설정하는 방법, 집단 구성원들의 행위나 태도에 변화를 주는 방법 등이 있다.

이 밖에도 자금, 공간, 노동력, 자재 등 한정된 자원을 공동으로 활용한다든가 확대하는 방법 등이 있을 수 있다.

생각의 샘

직장은 때가 오면 자리를 비워주어야 한다. 그런데 우리는 늘 그 자리에 있을 것처럼 행동한다. 직장 내의 커뮤니케이션 문제는 모두 여기에 있는 것이 아닐지 모른다.

갈등의 결과 이긴 쪽이 특정자원을 다 차지하게 되고, 진 쪽은 하나도 얻지 못하게 되는 이른바 '제로섬zero sum 게임'에서 두 당사자는 죽기살기로 다투게 되므로 갈등해결이 어렵다.

– 김성국 : 《조직과 인간행동》 중에서

'나 이번에 부장됐어' 하고 자랑하는 남편을 아내가 핀잔을 줬다. '쌔고 쌘 것이 부장이에요. 슈퍼마켓에 가면 사과담당 부장도 있어요.'

화가 난 남편은 슈퍼마켓에 전화를 걸어서 사과담당 부장을 대달라고 했다. 그랬더니, 전화를 받은 사람이 '포장된 사과담당 말인가요. 아니면 달아서 파는 사과담당 말인가요?'라고 말했다.

실수를 유머로 승화

옷음은 체면 때문에 희생되기에는 너무 비싸다.
- 퀸틸리언 -

시켜라

●●○ 무역업체에 근무하는 김 부장이 오랜만에 전에 모시던 이 전무를 만나서 반갑게 인사를 했다.

'오랜만입니다. 그동안 별고 없으셨지요?' 오랜만의 만남이었으므로 그는 '사모님께서도 안녕하시지요?' 하며 부인의 안부도 물었다.

그러자 이 전무는 얼굴이 다소 어두워지면서 '아내는 3년 전에 암으로 죽었습니다'라고 말하는 것이 아닌가. 그 말을 들은 김 부장은 속으로 어떻게 해야 할지몰라 식은땀을 흘려야 했다.

완벽이란 없다

우리는 자신이 합리적으로 생각하고 이성적으로 행동한다고 믿는다. 그래서 '내가 하면 연애, 남이 하면 불륜'이라고 생각한다. 그러나 언제나 자신이 합리적으로 생각하고 이성적으로 행동한다고 생각한다면 큰 잘못이다. 완벽이란 없기 때문이다. 특히 우리의 생각과 행동은 오히려 무의식에서 비롯된다는 어느 심리학자의 말도 있다. 그래서 생각지도 못한 실수를 하게 되고, 자신이 생각하지 못한 부분에 대해 남이 지적하면 당황하게 된다.

서양에서는 황당한 실수를 '포파faux pas'라 하는데, 그 말은 '발을 헛딛다'란 뜻의 프랑스 말에서 나왔다고 한다.

로널드 레이건 미국 전 대통령의 실수담이다.

그가 캘리포니아 주지사 시절 멕시코에서 연설을 했는데 청중이 별 반응을 보이지 않았다. 다음 사람이 스페인어로 연설할 때는 곳곳에서 열화와 같은 박수가 터져 나왔다고 한다.

레이건도 머쓱해져 열심히 박수를 쳤다. 그때 그가 박수를 친 걸 본 옆 사람이 그에게 말했다고 한다. '저 사람은 지금 당신 연설을 통역 중입니다.'

우리는 다른 사람이 엉뚱한 실수를 하게 되면 웃어버린다. 예전에 사오정, 최불암 시리즈가 유행하지 않았던가?

전원일기의 고장 양촌리 일용의 집에 불이 났다. 이에 놀란 일용 엄니가 당황하여 발을 동동 구르며 소리쳤다.

'복길아. 아야! 119가 몇 번이여! 몇 번이여! 119!'

그러자 이를 옆에서 지켜보던 우리의 김 회장님인 최불암 씨가 소리쳤다.

'이럴 때일수록 침착하셔야 됩니다. 자, 마음을 진정시키고 114에 전화해서 물어봅시다.'

또한 텔레비전에서 몰래카메라로 남의 실수를 유발시키는 프로를 보면 우리는 호기심과 재미를 느낀다. 거기에다가 유명한 정치인이나 연예인 등이 실수를 하면 카타르시스조차 느껴질 정도이다.

미국의 부시 대통령이 프랑스를 방문했을 때의 일이다. 시라크 프랑스 대통령과의 회담이 끝나고 파리 엘리제궁에서 기자회견을 가졌다.

부시 대통령은 기자의 복잡한 질문을 제대로 알아듣지 못하자 무안함을 피하기 위해, 자크 시라크 프랑스 대통령을 향해 '55세가 넘으면 이런 일들이 일어난다'고 농담을 건넸다. 70줄에 들어서고 있는 시라크 대통령은 미간을 찌푸렸다고 한다.

멋있게 처신하는 법

우리가 실수를 피할 길은 묘지 안에서뿐이라는 말도 있다. 우리가 실수한 당사자가 되었을 때 어떻게 처신해야 하는가.

멋쩍게 웃는다.
얼굴이 벌개진다.
얼굴이 화끈거린다.
구차한 변명을 늘어놓는다.
당황해서 자리를 피한다.

이렇게 해서는 그 자리를 모면해도 마음 한구석은 개운치 않고, 도저히 마음을 추스르지 못해 잠도 못 이루고, 부끄러운 마음에 그 자리에 같이 있던 사람들을 또다시 대할 자신도 없다.

또한 생각지도 못한 뜻밖의 공격이나 상황에 처해 궁지에 몰릴 때가 있다. 제2차 세계대전 당시 히틀러의 유대인 대학살 때처럼, 궁지가 생사의 갈림길이 될 경우도 있다. 그 속에서 살아남은 사람들은 생사의 고비에서 마음의 여유와 희망을 가진 사람들이었다.

사람들은 다른 사람들이 자신에 대해 형성하는 인상에 신경 쓰며 이미지 관리를 한다. 미팅을 나갈 때 옷을 잘 차려 입는 것이나 일상생활에서 행동이나 말을 삼가는 것 등이 이미지 관리의 대표적인 예가 된다.

그래서 실수나 잘못을 하면 무척 당황하게 되고 부정적인 인상을 회피하기 위해 보통 다음의 세 가지 행동을 한다.

첫째, 적절한 핑계를 댄다. 말이나 좋지 않은 결과를 낳았을 때 납득할 수 있는 구실이나 변명을 하여 면책을 시도한다.

둘째, 사과한다. 핑계가 통하지 않은 상황에서는 자신의 행동을 사과하고 다시는 그런 일이 없을 것임을 다짐한다.

셋째, 관계가 없음을 강조한다. 일이 잘못되었을 때, 자신은 그 일과 관계가 없음을 적절히 설명한다.

위대한 사람일수록 실수를 더 많이 한다고 한다. 그러나 그 실수라는 위험한 순간을 멋지게 반전시켜서 성공으로 만든다고 한다.

우리는 살아가면서 여러 고비를 만난다. 그 고비를 헤쳐갈 수 있는 힘은 인내 아니면 슬기뿐이다. 슬기 중 하나가 상황을 역전시키는 위트다. 상황을 역전시키면 오히려 남들에게 '그 사람 정말 멋진 사람이야' 하며 인정을 받는다. 실제로 역경을 극복한 사람이 성공하지 않는가.

미국의 저명한 작가이자 전문연설가인 '밥 로스'는 유머를 위기상황에 대처하는 제3의 대안이라고 말한다. 제1, 2의 대안은 맞서 싸우거나 도망치는 것, 제3의 대안은 웃거나 웃기는 것이라고 한다.

위기나 실수 앞에 심각하게 굳어지지 말라.

위축되지 말고 오히려 마음의 여유와 배짱을 가지고 발상을 전환하여 멋진 유머와 위트로 상황을 극복하라.

생각의 샘

우리는 매일 선택한다. 물건을 고르는 일부터, 차를 타는 것, 기름을 넣는 것 등.

인생은 선택하는 것, 즉 기회의 연속이라 할 수 있다. 좋은 일도 있는가 하면 또한 나쁜 일도 생긴다. 이 사실을 인정하고 받아들인다면 인생에서 가장 좋은 것을 끄집어낼 수 있다.

한 중년신사가 결혼식에 참석하여 오랜만에 만난 친구와 이야기를 나누고 있었다. 신부의 들러리로 두 처녀가 신부 옆에서 웃는 것을 보고 그 친구에게 '저렇게 못 생긴 여자는 처음 보겠군' 하고 말하자 친구의 표정이 이내 굳어졌다.

'신부 오른쪽의 여자아이는 우리 큰딸이네. 왼쪽은 작은딸이고.'

그 신사는 입을 다물고 그 친구의 얼굴을 빤히 바라보다가 이렇게 말했다.

'난 아무 말도 안 했네!'

유머를 사용하면

기회는 위대한 인간을 만들어낸다.
- 리히텐브로그 -

설득이 쉽다

●●○ 우리가 다른 사람에게 말하는 것은 그 사람에게 영향을 미친다. 그 중에서 상대의 마음을 직접적으로 움직이게 하는 말이 바로 설득이다.

설득의 기술

살다 보면 '자신이 원하는 것'을 얻기 위해서 남을 설득해야 할 상황이 생길 수도 있다.

기업도 광고나 마케팅을 통해 고객을 설득함으로써 상품을 팔아 수익을 창출한다. 결국 설득행위는 생존의 욕구를 충족시키는 수단이라고 간주해도 좋을 것이다.

사전에 설득은 잘 설명하거나 타이르거나 해서 납득시키는 것이며, 설복이라고 나와 있다. 여기서 납득은 남의 말이나 행동을 잘 알아차려 이해하는 것이다.

즉 설득이란 이쪽의 요망에 대해 상대방이 마음속으로 납득하고, 자발적으로 행동해 줄 것을 전제로 한 것이어야 한다. 따라서 억지 이치로 상대방을 설복시키는 것은 설득이 아니며, 또한 말싸움에서 이겨 상대방이 마음속으로는 납득하지 않으면 설득한 것이 아니다.

직장의 상하관계, 부부관계, 친구 사이 등과 같이 설득하는 사람과 설득을 당하는 사람이 어떤 관계이냐에 따라 말 외에 '영향력'이 작용함을 부인할 수 없다. 설득할 때 중요한 것은 설득하는 사람이 어떤 사람인가 하는 것, 설득의 내용, 대상, 즉 설득해야 할 사람 그리고 주변상황이다.

고대 그리스인들은 로고스(논리의 전개)를 위해서는 먼저 에토스(신뢰의 성품)와 파토스(감성의 이해)가 확실하게 전달되어야 한다고 했다.

설득에는 감정교류가 중요하다

설득을 시작하기 전에 유머러스한 말을 건네 편한 감정이나 분위기가 되도록 해야 한다. 정치인들이 협상을 시작하기 전에 덕담德談을 하는 것과 같은 이치이다. 날씨 얘기라도 유머스럽게 하라.

본론에 들어가면서 설득하는 사람은 상대에게 믿음을 주어야 하며, 경우에 따라 자신의 잘못도 솔직하게 시인하면서 상대의 마음의 문을 열어야 한다. 때로는 침묵으로, 때로는 상대를 자극하는 다양한 방법을 절묘하게 구사해야 거부당하지 않고 성공할 수가 있다.

상대방과 말할 때 반드시 감정의 교류가 있기 마련이다. 쌍방이 좋은 감정을 갖지 못하면 대화가 잘될 수 없다. 설득을 잘하는 사람은 이 점을 잘 알고 있지만 설득에 서툰 사람은 이것을 잘 알지 못한다.

일방적으로 자신의 생각만을 강요하면 결국 양쪽 모두 감정적이 되고 오기를 부려서라도 상대방의 말을 들으려 하지 않고 거절해버린다. 또한 직설적으로 깊이 생각하지 않고 상대방의 자존심을 손상시키면 아무리 보편 타당한 내용일지라도 점점 반감을 사게 된다.

한마디를 하더라도 '……하면 좋으리라고 생각되는데 당신은 어떻게 생각하는지'라고 우회적으로 말한다든가, 재미있는 우화를 곁들여서 얘기하면 상대가 반감을 갖지 않는다. 특히 윗사람을 설득하고자 할 때는 자신의 주장을 암시하는 사례나 유머로 표현하는 것이 윗사람의 거부감을 감소시킨다.

우리나라를 찾아왔었던 이스라엘 샤론 수상의 가장 측근인 레우벤 리블린 이스라엘 통신부장관은 이스라엘의 처지를 멋진 일화를 들어 변호하는 유머 감각을 발휘했다.

"헤엄을 치지 못하는 전갈이 거북이에게 강 건너편까지 등에 태워달라고 했습니다. 거북이가 '나를 죽일 것이 뻔한데……'하고 망설였지만, 전갈은 '은혜를 입으면서 그런 짓을 하겠느냐'고 애원을 했습니다.

하지만 강 한가운데에 이르자 전갈은 거북이의 목을 찔렀습니다. 거북이가 죽어가면서 '우리 둘 다 죽게 되는데 왜 그랬냐?'고 물으니, 전갈은 '나는 원래 천성이 그래'라고 대답했다고 합니다. 이스라엘은 이같은 거북이 신세가 되고 싶지 않습니다."

또한 데일 카네기가 제시한 설득방법은 다음과 같다.

- 논쟁을 피하라.
- 상대의 결점을 캐내지 말라.
- 자기의 잘못을 인정하라.
- 의견교환은 순리적으로 하라.
- 상대방이 수긍할 화제를 택하라.
- 상대방에게 이야기할 기회를 주어라.
- 겸손한 태도로 대하라.
- 상대방의 입장에서 관찰하라.

- 상대방의 소망을 이해하라.
- 아름다운 심성에 호소하라.
- 극적인 표현으로 관심을 끌어라.
- 경쟁의식에 자극을 주어라.

자유의지로 받아들일 수 있게 하라

설득의 내용도 상대의 자유의지로 받아들일 수 있게 하는 것이 가장 효과적이다.

'대학에 안 가면 뭐가 될래! 공부 좀 열심히 해라' 하며 위압감을 주면서 상대의 변화를 시도할 경우, 어느 정도까지 설득되지만 위압감이 너무 크면 오히려 설득 효과가 떨어지며, 상대가 과거에 그 내용을 들은 경험이 있으면 면역이 생겨 효과가 반감되거나 아예 미치지 못한다.

이것이냐 저것이냐 둘 중에서 하나를 고르게 하는 방법도 설득의 테크닉 중 하나다.

이심전심의 설득 방법

자존심이 강한 사람일수록 고집이 세기 때문에 쉽게 설득되지 않으므로 울리고 웃겨가면서 하는 설득의 다양한 연출이 필요하다.

사람은 경우에 따라 기분이 좋으면 자신에게 적절하지 못한 경우에도 쿨하게 OK한다. 애인이 평소에 무뚝뚝한 편일 경우, 그에게 '자기는 알고 보면 참 재미있는 사람이야'하고 말을 해준다면, 그는 철면피가 아닌 이상 틀림없이 상대를 즐겁게 해주기 위해 나름대로 노력을 하게 될 것이다.

거짓말을 밥먹듯이 하는 친구에게 '나는 네가 하는 말을 듣고 있으면, 언뜻언뜻 말속에 진심이 묻어 나오는 것을 알 수가 있어'라는 말을 한다면, 그 친구는 멍텅구리가 아닌 이상 분명히 그 후부터 진실을 얘기하려고 노력할 것이다.

이렇게 자신이 의도하는 것을 바꾸어 칭찬하는 기지를 발휘하면 직설적으로 설득하는 것보다 효과가 나타난다. 이런 효과 만점의 설득을 하려면 먼저 상대를 이해하고 배려하는 마음을 가져야 한다. 이런 마음가짐은 우리가 편안하고 행복한 상태라야 가능하다.

편안하고 여유 있는 감정 상태가 말속에 담겨 상대에게도 전달되어야 상대방이 우리의 마음을 이해하게 된다.

지성이면 감천이요, 사람의 진심은 통하는 것이다.

⋮ 생각의 샘

우리 중에는 '나는 인복人福이 없다. 만나는 사람마다 골치 아픈 친구들만 있으니……'라고 말하는 사람도 있다. 이런 사람은 자기가 어떻게 다른 사람에게 골치 아프게 대하고 있는지를 미처 깨닫지 못하는 것은 아닐지……

한 보험설계사가 어느 부부를 상대로 생명보험 가입을 설득했으나, 그 부부는 쉽게 서명하지 않았다. 설계사는 자리를 뜨며 이렇게 말했다.

'두 분을 위협하면서 보험을 판매하고 싶지는 않습니다. 하지만 오늘밤 주무시기 전에 곰곰이 생각해보십시오. 그런 다음 내일 아침 눈을 뜨고 일어나실 수 있다면 저에게 연락을 주십시오.'

협상을 위트로 타결 하라

재화를 얻기 위해서는 천시天時를 잃지 아니하고, 지리地理를 잃지 아니하고,
또한 사람을 잃지 않아야 한다.

— 박제가(조선 후기의 실학자) —

●●○ 현대그룹의 창업주 고 정주영 회장이 현대조선소를 세울 때의 일화이다.

정 회장이 차관 도입이라는 난제를 풀기 위해서 런던으로 가 A&P 애플도어의 찰스 롱바톰 회장을 만났다. 그리고 그에게 영국 버클레이즈 은행을 움직일 수 있는 방법이 없냐고 도움을 청했다.

'아직 선주도 나타나지 않고 한국의 상환 능력과 잠재력도 믿음직스럽지 않아 곤란하다'는 롱바톰 회장의 대답이 정 회장을 맥빠지게 했다.

그때 문득 바지 주머니에 들어 있는 거북선이 그려져 있는 5백 원짜리 지폐가 생각났다. 그래서 주머니에서 돈을 꺼내 거북선 그림을 앞면으로 하여 테이블에 놓았다.

'이것을 보시오. 이것이 우리의 거북선이오. 당신네 영국의 조선 역사는 1800년대부터라고 알고 있는데, 우리는 벌써 1500년대에 이런 철갑선을 만들어 일본을 혼낸 민족이오. 우리가 당신네보다 3백년이나 조선 역사가 앞서 있었소. 다만, 그 후 쇄국 정책으로 산업화가 늦어져 국민의 능력과 아이디어가 녹슬었을 뿐 우리의 잠재력은 고스란히 그대로 있소.'

롱바톰 회장이 빙그레 웃으면서 머리를 끄덕였고 버클레이즈 은행에 추천서를 보내주어 차관을 도입할 수 있었다고 한다.

나라마다 다른 협상 스타일

협상은 둘 또는 그 이상의 당사자들이 서로 다른 이해와 관심을 합의에 이르기 위해 노력해 가는 과정이다. 협상 스타일은 어떤 협상이냐, 어떤 사항들을 얼마나 준비하는가를 비롯하여 원칙 적용의 엄격성, 참가자들의 구성, 인간관계와 업무에 대한 상대적 중시 정도 등에 많은 차이를 보인다.

무역을 하다 보면 각 나라마다 협상 스타일이 다르다. 미국인들은 광범위한 협상 권한을 가지고 온건한 태도로 체면보다는 객관적 사실에 바탕을 두고 비용이나 실익 위주로 협상에 임하며, 관계수립을 위해 협상초기에 작은 양보를 하기도 한다. 그러나 협상 상대방과의 관계는 형식적인 관계로 생각한다.

아랍인들은 주관적 감정에 근거하며, 협상 과정의 일부로서 전 협상 과정을 통해 양보하지만, 상대방이 양보에 대해 보답을 하면 협상 상대방과 비교적 장기적인 유대를 맺는다고 한다.

러시아인들은 협상 권한의 범위가 극히 제한적이고 이성적인 호소를 하며, 협상 초기에는 매우 극단적인 제의와 요구를 하며 양보를 하지 않거나 필요할 경우 극히 적은 양보를 하며, 양보를 약점으로 인식하고 보답을 하지 않으며, 상대방과의 관계도 지속시키지 않는다고 한다.

일본인들은 될 수 있는 대로 감정을 숨기지만 체면 유지를 중시하여 특정인의 체면 유지를 위해 타협하는 경우가 종종 있다고 한다.

당신의 협상 파트너도 나라에 따라 협상 스타일이 달라질 것이다.

다양한 전술

협상의 전술에는 언어적 전술, 비언어적 전술, 그리고 비신사적 술수 등이 있다.

언어적 협상 전술에는 약속, 위협, 권고, 경고, 보상, 처벌, 규범적 호소, 공약, 자기폭로, 질문, 명령 등이 있다. 비언어적 전술에는 침묵, 대화의 중복, 안면의 직시, 신체적 접촉 등이 포함된다. 비신사적 술수에는 계획적인 속임수, 심리전, 상황적 압력 등이 있다.

호감과 협상

협상에 임하는 협상자는 상대방의 기분을 나쁘지 않게 하면서 얻을 것은 다 얻어내는 것이 중요하다. 한 연구에 따르면 노련한 협상자는 자극적 용어, 반대제안 그리고 방어나 공격적인 대응을 적게 사용하고 지나친 주장을 삼가며 적극적인 경청을 한다고 한다. 그리고 '질문 좀 해도 되겠습니까?'와 같이 앞으로 자신의 행동에 대하여 사전 경고를 하는 예시적 언어구사와 감정표현을 많이 한다고 한다.

중국 사람은 친절하게 협상을 주도하며 자기 쪽의 책임을 교묘히 회피하면서 결정에 따른 책임을 전가하는 화술을 구사한다.

예를 들어 자기 쪽에게 불리한 낌새를 느끼게 되면, '먼길을 오시느라 피곤하실 테니 오늘 협상은 여기서 마치고 충분히 쉬신 다음 내일 계속하는 게 어떻습니까? 내일 우리 측에서 협상시간과 장소를 알려 드리도록 하겠습니다'라고 말한다고 한다.

이 말을 듣게 되면 상대방은 협상을 계속하자는 소리를 못하게 된다. 이 경우 중국 측은 내일의 협상시간과 장소의 주도권을 자신들이 장악하고 그 사이 내부 회의를 갖고 협상전략을 다시 숙의할 시간을 갖는 것이다.

효과적인 협상 기법

협상에 임하면서 덕담을 하며, 경우에 따라 협상의 윤활유로 상대방에게 적당한 선물이나 기념품을 전달하여 환심을 사는 것도 좋다. 예컨대 분위기를 부드럽게 하여 상대의 감정적 측면을 공략하는 것이다. 또한 상대의 집중도를 높이기 위해 상대방에게 정중하게 동의를 얻어 '몇 월 몇 일 몇 시까지 타협합시다' 하며 최종 시한을 정해놓고 상담을 시작하는 방법도 있다.

협상 도중에 입장 차이로 과열되더라도 웃음을 잃지 말아야 하며, '갑자기 실내공기가 더워지는군요'와 같이 적절히 조크와 위트로 숨고르기를 하면 좋다.

협상을 진행하는 도중 상대방의 의중을 알아내기 위해 질문과 적절한 비유가 가미된 반박을 통해 상대방이 어느 문제에 대해 비교적 취약하며 쉽사리 양보할 것인지 또는 어느 문제에 전력을 기울이고 있는지를 알아내도록 한다. 또한 가정법을 사용하여 의중을 알아본다. '우리 측에서 일주일 정도 인도시기를 앞당기면 귀사는 어느 정도 가격을 올려주시겠습니까?'라는 식으로 상대방의 의향을 알아보고 상대방을 유도심문에 걸려들게 한다.

한편으로 상대방의 탐색에 넘어가지 않기 위해 의식적으로 상담의 주제를 별로 중요하지 않은 분야로 집중시켜 상대방의 주의력을 분산시키거나 미소를 지으며 잠시 침묵을 한다.

상대가 비교적 유리한 위치에 있을 때, 먼저 우리측 카드를 상대방에게 노출시킴으로써 상대방의 성의 있는 협력을 요청하는 오픈 카드 기법을 사용할 수 있다. 다만, 이 오픈 카드 기법을 사용할 때에는 노출시킬 내용을 사전에 치밀하게 준비해야 함은 물론이다.

상대방의 김을 빼고, 예봉이 꺾이면 협상하라

협상 과정 중 쌍방의 의견이 대립하거나 협상이 마무리 단계에 접어들기 직전, 이해하기 어려운 의문점이 돌출되었거나 한쪽이 협상의 진행과정에 불만을 표시했을 때에는 '화장실이 급한데요. 좀 쉬었다 하면 어떨까요?' 하며 휴회를 하여 체력을 보충하거나 대책을 논의하도록 한다. 또한 휴회시간을 통해 차를 같이 마시며 의식적으로 상대방과 막후접촉을 하여 대립적 관계를 누그러뜨림으로써 협상 속개 시 우호적인 분위기를 연출하도록 한다.

상대방이 의기양양하고 뻐기는 타입인 경우에는 밀고 당기는 과정을 계속하면서 상대방의 김을 빼고, 상대방의 예봉이 꺾이면 그때부터 반격을 시도한다. 경우에 따라 협상 개시 모두에 강경한 조건을 제시한 후 협상을 진행하면서 요구조건을 조금씩 조금씩 약화시켜 최종적으로는 당초 예정했던 것보다 유리한 조건을 얻어낸다.

또 다른 방법으로, 상대방의 요구조건을 전부 들어줄 수 있더라도 한 번에 승낙하지 않고 미적거리면서 조금씩 승낙하고 승낙에 따른 상대방의 양보를 하나씩 얻어낸다.

만약 거절할 필요가 있는 경우에는 상대방의 요구에 대해 선례先例가 없기 때문에 곤란하다고 말한다.

생각의 샘

상대방의 감정에 우리 자신을 맞추고 그의 경험 속에 들어가 그 사람의 위치에서 이해한다. '내가 그라면 어떻게 행동했을까?'를 생각하면 더 나은 해답을 줄 수 있다.

콧대 높은 처녀가 결혼상담소의 컴퓨터에 자신이 원하는 배우자
의 조건을 농담도 잘하고 노래도 잘 부르며 술과 담배를 안 하
고 항상 집에 있는 사람이라고 입력시키자 컴퓨터가 누구를 추
천했을까?

텔레비전.

유머 스피치로 능력을

늘 자신감을 갖는 사람은 다른 사람을 인도할 수 있다.
- 호라티우스 -

업그레이드하라

●●○ 리더가 아니더라도 조직생활을 하다 보면, 회의석상뿐만 아니라 타인을 상대로 여러 사람 앞에서 말할 기회를 갖게 된다.

효과적으로 스피치 하는 능력이 '필수'

많은 사람들이 프레젠테이션을 하거나 또는 강연, 강의 등의 행사장에서 인사말 등을 하게 될 기회가 많아졌기 때문에 효과적으로 스피치하는 능력이 '필수'가 되었다.

여러 사람 앞에서 말하는 기회는 말하는 사람의 능력 여부를 듣는 사람들이 취업이나 승진심사 때의 면접관과 같이, 의식적이든 무의식적이든 평가한다는 사실이다. 듣는 사람에게 능력 있고 좋은 인상을 주면 그것은 평생의 자산이 된다.

정치인들만 말로 먹고사는 것이 아니라 정도의 차이만 있을 뿐 우리도 말의 신세를 지며 살아가고 있다. 가수 김수희의 노래 '애모' 중에 '그대 앞에만 서면 ⋯⋯'처럼, 평소 멀쩡하던 사람이 여러 사람 앞에만 서면 말을 더듬거나 땀을 뻘뻘 흘린다면 그는 조직에서 성공하기 힘들다.

로마의 철학자이자 정치가인 키케로는 '질서정연하고 아름답게 꾸며진 연설만큼 사람의 마음에 강력한 영향을 끼치는 것은 없다'고 말했다.

미국의 케네디 전 대통령도 '위대한 정치가가 되려면 위대한 연설가가 되어야 한다'고 강조한 바 있다.

흑인 인권운동가인 마틴 루터 킹 목사가 1963년 8월 28일 미국의 워싱턴 DC에 있는 링컨기념관 앞 계단에서 '나에게는 꿈이 있습니다'를 연설하던 장면을 떠올려 보자.

킹 목사는 자신의 주장을 천천히 또렷하게 한 단어 한 단어 힘을 주어가며 말했다.

연설의 설득력은 빠르기와는 큰 상관이 없다. 손으로 글을 쓸 때처럼 문장의 성격에 따라 마침표, 느낌표, 물음표를 찍는다는 생각으로 말을 하면 청중에게 효과적으로 다가간다.

관심과 경청의 메커니즘

경우에 따라 듣는 사람이 별로 재미를 느끼지 못하는 주제를 가지고, 연설이나 발표를 하는 경우도 있다. 앞에 나가면 어떤 것을 주장하거나 설명하든지 여러 사람에게 말하는 목적을 달성해야 한다. 그러려면 듣는 사람이 관심을 갖고 귀를 기울이도록 만들어야 한다.

시나리오를 작성하듯이, 사전에 듣는 사람들이 어떤 사람들인가, 그들이 원하는 것이 무엇인가를 꼼꼼히 생각해서 내용을 짜야 한다. 듣는 사람들 중에는 우리에게 호의적이며 열광적인 사람, 호의적이지만 침착한 사람, 무관심한 사람, 관심은 있지만 비호의적인 사람, 심지어 적대적인 사람도 있다. 어느 사람이 다수인가를 헤아려서 대응해야 한다.

서론, 본론, 결론에 유머를 섞어라

말할 내용은 대개 서론, 본론, 결론으로 이루어진다. 각 부분에 적절한 유머와 위트를 섞으면, 듣는 사람은 흥미를 가지는 것은 물론 재미를 느끼게 되어 이야기를 하는 동안에 집중하게 되고 머릿속에 기억이 남게 되며, 더불어 마음을 움직이게 된다.

남의 나라 이야기이지만, 유럽인들은 사사로운 자리에서는 물론 여러 사람들 앞에서 강연이나 연설을 할 때는 반드시 조크를 곁들인다. 그들이 얼마나 조크를 좋아하는지 심지어 조의를 표하며 엄숙해야 할 장례식에서조차 한다고 한다.

놀라게 하고 긴장하게 하라

아무리 좋은 내용도 듣는 사람이 관심을 갖지 않으면, 냉담하거나 말에 집중하지 않는다. 듣는 사람이 이런 태도를 취하면 정말 말할 기분이 나지 않는다. 서론은 듣는 사람의 호기심과 관심을 불러일으키고, 분위기를 좋게 하고 주제를 도입할 수 있게 꾸며져야 한다.

청중의 관심을 끌기 위해서 사용하는 기법에는 '깜짝쇼' '긴장감 조성하기' '유명한 사람의 일화나 유머 등 인용하기' '주변 상황이나 말하는 사람의 신변에 대해 언급하기' '질문하기' 등의 기법이 있다.

이런 기법을 활용할 때, 유머스럽게 해서 한바탕 모두가 웃게 되면 스트레스가 풀리고 화기애애해지면서 말하는 사람과 듣는 사람이 한몸이 된다. 다만, 유머스럽게 해도 그것이 주제도입에 적절해야 그 효과를 볼 수 있다.

● 깜짝쇼 : 듣는 사람이 전혀 예상하지 못한 엉뚱한 이야기를 하는 것이다.

'오늘부터 음주운전을 허용한답니다. 마음껏 마십시오!'라는 식으로 말을 꺼내면, 듣는 사람은 '이게 무슨 얘기야!' 하고 어리

둥절 하는 사람 그리고 웃는 사람도 생기지만 모두 말하는 사람에게 집중하게 된다.

이어서 '이런 일이 허용되면 좋겠지요?'라고 하면서 서서히 주제로 들어간다.

● 긴장유발 : 깜짝쇼와 비슷한데, 잔뜩 긴장하게 해놓고 풀어 주는 방식이다.

'오늘은 6 · 25 기념일이 가까워서 예비군 훈련은 규정 시간을 모두 다 채우겠습니다'하면 모두가 '이젠 죽었구나' 하며 긴장하게 된다. 잠시 간격을 둔 후에 '그러나 여러분의 태도가 좋아 1시간만 하겠습니다'하면 모두가 환성을 터뜨리며 좋아할 것이다.

유명 인사의 일화 중에 재미있는 에피소드, 현재 시중에서 유행하고 있는 유머 시리즈 중에 적합한 것을 골라 연기하는 식으로 말과 몸으로 연출하면 박장대소하게 된다.

현 시국이나 말하는 장소, 듣는 사람의 표정 등 주변 상황 또는 자신의 신변에 대해서 얘기할 때에 실수담을 유머스럽게 하면 웃음은 물론 듣는 사람이 말하는 사람을 더 친근하게 생각하게 된다. 질문은 난센스 퀴즈로 하면 웃음을 유발할 수 있다.

'출처＋인용＋의미'의 형식을 취한다

본론이 시작되면 듣는 사람의 집중이 시간이 감에 따라 그 정도가 약해지므로, 적절히 유머를 섞어서 긴장을 풀어주며 순간순간 즐겁게 해야 한다.

즉 쥐었다 놨다 해야 한다.

결론도 서론과 같이 유명한 사람에게 얽힌 일화, 고사성어, 유머 등에서 주제의 정신을 효과적으로 반영할 수 있는 것을 골라 인용하지만 서론과 달리 짧아야 강한 인상을 줄 수가 있다. 여기서 인용은 '출처＋인용＋의미'의 형식을 취한다. '모 기업 광고에 이런 이야기가 있습니다. 역사는 아무도 2등을 기억하지 않는다. 우리도 역사의 뒷골목으로 사라져버리는 2등이 되어서는 안 되겠습니다'라는 식으로 대단원의 막을 내리면 된다.

마음에 꼭 드는 인용문이 없을 경우 모두가 알고 있는 말을 약간 변형시켜서 사용하는 패러디식으로 해도 좋다.

제스처를 쑥스럽게 생각하지 말라

제스처는 말의 의미를 보충해주는 기능을 한다. 연설을 하는 경우에 적절한 제스처를 쓰는 것을 쑥스럽게 생각하지 말아야 한다. 효과적인 손놀림은 청중의 몰입도를 높이면서 시선을 발표자에게 집중시키는 기능을 한다.

주로 정치인들에게서 '손의 기술'을 잘 관찰할 수 있다. 미국의 존 F. 케네디 전 대통령은 연설할 때 강조하고자 하는 대목에서는 검지손가락을 곧추세우곤 했다. 수동적으로 바라만 보는 관중에게 '여기가 포인트다' 하며 밑줄을 '쫙' 그어주는 것과 같은 효과를 낸다.

적절한 손가락 제스처는 상대에게 말하는 사람의 자신감과 의지를 보여주며 논리적이라는 이미지를 전달하기에도 좋다.

어느 교수님이 사은회에서 인사말을 하기 위해 조바심하며 기다리고 있는데 졸업하는 한 남학생이 다가오더니 '말씀하시기 전에 이것을 꼭 읽어 주십시오' 하며 종이쪽지 하나를 건네주었다. 그 교수님은 속으로 사은의 뜻이 담겨 있겠지 하며 미소를 띄며 쪽지를 펴 보았다.

'연설은 짤막하게 해주세요. 교수님! 축구경기가 있어요.'

유머 리더십을 활용하라

리더십은 추종자들의 머릿속에 존재하는 이미지다.
- 칼더 -

●●○ 푸틴 러시아 대통령은 서방 지도층과의 잇단 회의에서 적재적소의 유머와 위트를 구사하여 무표정한 얼굴에 싸늘한 느낌마저 주는 이미지를 불식시켰다고 한다. 그의 유머와 위트를 배워보자.

푸틴 대통령은 이탈리아 로마에서 열린 러시아－북대서양조약기구(NATO) 위원회 창설회의에서 로마선언에 서명하면서 위원회의 회의장소를 '소비에트(위원회란 뜻의 러시아말) 하우스'로 부르자고 제안해 참석자들을 포복절도케 했다.

그리고 모스크바에서 열린 유럽 최고감사원기구 제5차대회에서 '엥겔스' 성을 가진 독일 대표를 만나자 '다행히 마르크스는 같이 안 왔군요'라고 인사해 한바탕 웃음 보따리를 안겼다.

진실을 조크처럼 하는 것도 그의 장기. 부시 대통령과의 만찬 자리에서 그는 식탁에 캐비아(철갑상어알)가 오르자 '어부들이 캐비아를 제왕절개 방식으로 채취한 뒤 철갑상어는 바다로 되돌려 보낸다'고 말해 참석자들이 배꼽을 잡고 웃었다. 그리고 실제로 확인해 본 결과 사실로 드러났다고 한다.

리더는 이래야 된다

'허구한 날 정치지도자는 당쟁에만 신경 쓰니 리더십이 의심스럽다' '사장의 리더십 때문에 회사가 이 모양이다' '우리 ○의 리더십이 어떻다'라든가, '카리스마가 없다'라든가, 심지어는 엄마의 리더십까지 이제 리더십이란 용어는 누구나 사용하는 일상 어휘가 되었다.

누구나 머릿속에 리더는 이래야 된다는 나름대로의 이미지를 갖고 있다.

간혹 조직에서 특정한 경영자나 정치인을 대상으로 각종 성공담이나 사건, 상징물 등을 통하여 과대 포장함으로써 초인화, 영웅화시킨 리더십을 듣게 된다. 리더십은 강제성을 띠지 않는 영향력으로서 목표 달성을 위해 구성원에게 올바른 방향을 제시하고 그들의 활동을 조정하는 것을 뜻한다. 다만, 구성원이 리더에게 '자발적 추종'을 해야 진정한 리더십이라고 할 수 있다.

세계적으로 유명한 경영컨설턴트였던 피터 드러커는 21세기 리더십에 대해서 한마디로 이렇게 말했다.

'이제는 리더로서 군림하는 시대는 지나갔다. 인간적인 매력과 영향력으로서 추종자를 만들어 내야 한다.'

그러면 인간적인 매력과 영향력은 무엇일까?

헤드십은 단기적이지만 리더십은 영원하다

리더십은 헤드십headship과 구별되는데, 사장·부장 등과 같이 장長의 자리에 있다고 해서 모두 리더가 되는 것은 아니다.

헤드십은 단기적이지만 리더십은 영원하다. 지금도 세종대왕을 숭모하는 사람들이 많은 것은 한 나라의 통치자였기 때문이 아니라 훌륭한 리더였기 때문이다. 그러나 헤드의 자리에 있으면 구성원은 그가 리더십을 발휘하기를 기대한다.

리더십은 사람과 사람의 관계에서 발생한다. 로빈슨 크루소와 같이 개인이 혼자 무인도에 있을 때 리더십은 발휘할 대상이 없기 때문에 있을 수가 없다. 사람들과 잘 어울린다고 해서 모두가 자동적으로 리더가 되는 것은 아니다. 리더가 된다는 것은 나름대로의 노력과 훈련을 필요로 한다.

국가나 기업, 단체 심지어 가정에서조차 리더는 선택받은 사람이요, 이끌고 나가야 할 조직의 운명을 거머쥔 사람이다. 즉 조직의 미래가 그의 어깨에 달려 있다. 그러나 '앞으로 이렇게 하자'하고 리더가 아무리 이상적인 비전을 세웠더라도 조직구성원이 제대로 움직이지 않으면 실현시킬 수 없다.

나폴레옹이 적진을 향해 진격하고 있었다. 부하들은 혹한 속에서도 적의 격렬한 저항을 뚫고 드디어 고지를 점령했다. 적진을 돌아본 나폴레옹이 부하들에게 한마디했다. 그 말을 들은 부하들은 모두 바닥에 주저앉고 말았다. 나폴레옹은 부하들에게 이렇게 말했던 것이다. '여기가 아닌가벼……' 결국 부하들은 고지에서 내려왔다.

나폴레옹은 다른 고지를 가리키며 다시 공격을 명령했다. 군대는 적의 격렬한 저항을 이겨내며 다시 적진을 탈환했다. 적진을 돌아본 나폴레옹이 또 한마디를 했다. 그 말을 들은 부하들은 모두 기절을 하고 말았다. 나폴레옹은 부하들에게 이렇게 말했던 것이다.

'아무래도 아까 거기가 맞는가벼……'

'당근과 채찍'을 능수능란하게 구사해야 한다

변화하는 세상에 발맞추어 조직의 변화를 가져오려면 리더는 비전의 전도사가 되어야 하고 조직의 수술을 집도하는 외과의사가 되어야 한다. 지금은 리더의 리더십 스타일이 그 변화의 속도를 좌우한다.

새로운 변화를 좌우한다는 관점에서 보면 독재형, 민주형, 자유방임형 등 스타일을 고집할 필요는 없다. 오히려 상황에 따라

'당근과 채찍'을 능수능란하게 구사해야 한다. 구성원들은 리더만큼 절박하지가 않다. 그래서 변화를 거부하거나 마지못해 따라오는 사람도 있다.

GE의 잭 웰치 전 회장은 10여 년에 걸쳐 2만 명 이상을 해고하고도 당대 최고의 경영자로 인정받고 있는데, 그의 원칙은 ① 현실을 직시하라, ② 누구에게나 솔직하라, ③ 관리하지 말고 리드하라, ④ 상황이 요구하기 전에 먼저 벌하라, ⑤ 경쟁우위가 없으면 경쟁하지 마라, ⑥ 자신의 운명을 스스로 결정하라 등 여섯 가지이다. 이런 엄격한 원칙을 세우고 혼신의 힘을 다해 직원들을 설득했다고 한다.

리더십은 테크닉이 아니라 마음이다

인간관계의 70%는 감정이고 30%가 이성이라고 한다. 리더십은 부하들의 마음을 잡는 데서 출발한다.

그래서 현자는 이런 말을 한다. '물고기를 잡으려면 물의 흐름에 귀를 기울이고, 사람을 이끌려면 사람들의 마음의 흐름에 귀를 기울여라.' 리더십은 테크닉이 아니라 마음이다.

리더는 자신의 생각을 추종자에게 깊이 심어주어야 하는데,

재미있는 비유나 유머, 위트로 표현하면 추종자의 뇌리에 영원히 남게 된다.

종업원이 7만 명이나 되고, 미국의 대형 쇼핑몰이면서 세계적인 중저가 가구 판매업체인 이케아의 창업주 잉바르 캄프라드 회장은 세계에서 손꼽히는 부자인데도 불구하고 승용차를 10년이나 타고, 야채값을 내리는 오후 시간에 직접 장을 보며, 비행기도 이코노미 클래스만 이용했다고 한다. 그의 검소한 생활도 대중의 기호를 읽어 '보통 사람'으로 남으려는 노력의 하나라고 하면서 자신에 대한 평가에 대해 '내가 1등석을 타면서 어떻게 월급 몇 만 달러밖에 안 되는 '동업자(그는 종업원을 동업자라고 부른다)'와 일할 수 있었겠느냐?'고 반문했다.

유머와 배려는 리더십을 완성시킨다

리더와 구성원의 관계는 구성원들이 리더를 신뢰하고 좋아하며, 그의 말을 기꺼이 따라야 진정한 리더십을 발휘한 것이라 할 수 있다.

학자들이 연구한 바에 의하면 리더가 되기 위해서는 여러 가지 자질이나 특성이 있어야 하는데, 그 특성들 중에 어휘구사력, 대인관계 기술, 유머 감각, 명예나 이미지 중시 등이 포함된다. 이런 특성은 구성원의 마음을 움직이는, 배려하는 행위를 하는 자질인 것이다.

리더는 구성원들 간의 관계를 규정하거나 조직화하고 공식적으로 의사소통 채널을 설정하여 과업을 달성하는 방법을 제시하는 등의 행위, 즉 '구조주도 행위'를 한다. 동시에 리더가 추종자들에게 보여주는 쌍방의사소통, 의견수렴, 상호신뢰, 존중, 따뜻함 등의 범주에 속하는 행위, 즉 '배려 행위'를 해야 좋은 리더십을 발휘한 것이라고 할 수 있다.

어떠한 위치의 리더냐에 따라 다소 차이가 있겠지만, 리더 행위의 예를 추종자의 각도에서 살펴보면 다음과 같다(참조: 리더 의견조사서LOQ : Leader Opinion Questionnaire).

구조주도 행위는

- 하급자들에게 분명한 비전과 직무를 정해준다.
- 수행할 일에 대한 플랜을 짜준다.
- 구성원들이 정해진 규칙과 규정에 따르도록 요구한다.
- 데드라인을 중시한다.

추종자들에 대한 배려 행위는

- 이야기를 나누다 보면 편안함을 느끼게 한다.

- 친구처럼 대해주며 언제든 만날 수 있게 해준다.

- 구성원들 각자의 개인적인 형편까지 신경 써준다.

- 제안을 받으면 그것을 실행에 옮긴다.

상사공포증을 없애는데 유머가 최고다

미국의 한 경영대학원 연구보고서에 의하면, 최고경영자는 리더로서의 경영능력은 물론이고 간부와 직원간 커뮤니케이션 기술도 함께 보유한 경우에 직무만족과 그룹의 결속력을 다짐으로써 더욱 성공할 수 있다고 한다.

요컨대 어느 조직이든지 사람이 주가 되어 움직이는 집단이므로 목표 달성을 위해 구성원들을 움직이게 하려면 커뮤니케이션에 능하여야 한다. 즉 리더십은 커뮤니케이션에 의하여 실현되므로 리더의 스피치는 리더십의 중요한 수단이 된다. 기업의 경우에는 경영진의 유머가 상하직원 간의 커뮤니케이션을 원활하게 하고 '상사공포증'을 없애 업무 분위기를 고양시킨다.

리더들은 연설이나 강연을 할 때, 또는 사석에서 대화 분위기를 부드럽게 하기 위해서 유머로 상대를 편하게 하고 거리감을 없애 친근하다는 이미지를 심어주도록 한다.

그리고 순간을 포착하여 위트로서 추종자의 감탄을 유발케함으로써 추종자를 내 사람으로 만드는 마력을 발휘하기도 한다.

특히 정치 리더는 대중에게 유머를 구사하며 친근한 이미지를 주려고 고심해야 한다. 기업체의 CEO도 회사의 이미지 관리를 위해 고객에게 인간미 넘치는 면을 보여주려고 노력해야 한다.

한번은 백악관 집무실에서 케네디 대통령이 측근 보좌관들과 환담을 나누고 있었다. 대통령의 동생인 로버트 케네디 법무장관이 백악관에서 가장 영향력이 있는 사람이라고 보도한 시사주간지를 보면서 대통령과 보좌관들이 웃고 있을 때, 마침 케네디 법무장관으로부터 전화가 왔다고 비서가 인터폰으로 알려주었다. 전화기를 든 케네디 대통령은 정색을 하고 '여보세요? 나는 백악관에서 두 번째로 영향력이 있는 사람입니다'라고 말해서 보좌관들의 폭소를 자아냈다고 한다.

생각의 샘

지금까지 우리는 이끄는 사람, 앞장 선 사람, 곧 리더만이 중요한 것인 양 여겨 왔다. 사실은 이끄는 사람뿐만 아니라 따르는 사람 즉 팔로어도 매우 중요하다.

팔로어십followership을 연구하고 있는 케리R.D.Kelley란 학자는 '조직의 성공에 리더가 기여하는 바는 10~20%에 불과하고, 나머지 80~90%는 팔로어십이 결정한다'고 한다.

— 백기복 : 《조직행동연구》 중에서

전문성

한 회사의 부장과 말단 사원들이 노래방에 갔다. 술에 만취한 부장이 갑자기 일어서더니 옅은 미소를 지으며 사원들에게 말했다.

'혹시 신입사원 중에 전자공학과 나온 사람 있나? 아니면 기계공학과라도.'

어쩐지 좋은 일이 생길 것 같은 분위기에 산업공학과를 나온 K씨가 손을 들었다. 전자공학과를 나온 입사동기 L씨도 번쩍 손을 들었다.

'그래. 자네하고 자네 이리 나오게.'

포상금이라도 줄 것처럼 득의만면한 표정을 짓던 부장은 두 사람에게 말했다.

'자네들 여기 서 있다가 노래방기계에 번호 좀 찍게.'

가슴 뭉클하게

사람을 평가할 경우, 어느 정도 자기 일을 좋아하고 있는가를 알아내야 한다.
- S.M. 듀얼-

코치하라

●●○ 대기업에 다니는 김 부장은 아침 부서 회의를 시작하자마자 화를 냈다. 열 다섯 명의 부하 직원 중 점심식사를 하고 난 오후 2시 이후에는 다섯 명도 자리에 앉아 있지 않는 것이 요지였다.

김 부장은 단호한 어조로 '앞으로는 10분 이상 자리를 비울 때에는 반드시 나의 허락을 받도록 하라'고 지시했다. 이런 일이 있고 난 뒤 처음에는 자리를 뜨지 않던 부서원들이 2~3주가 지나면서 하나 둘씩 늘어나기 시작했고, 5주째가 되자 전과 마찬가지 상태가 되고 말았다.

김 부장은 또다시 고민에 빠졌고 스스로 일일이 감시하는 일이 싫었다. 어떻게 하면 고민을 덜 수 있을까?

뛰어나다는 암시를 주어라

경영자나 관리자의 성공공식은 실력 있는 사람을 찾아내고 그만큼 대우해주는 것이다. 즉 동기부여를 해야 한다는 것이다. 이른바 '당근과 격려'가 필요하다.

동기부여의 목적으로 다음과 같은 것을 생각할 수 있다.

- 일을 안 하려는 사람을 열심히 하게 만들려는 경우

- 일을 잘해온 사람으로 하여금 더 잘하도록, 또는 계속 잘하 도록 만들려는 경우
- 구습舊習에 얽매인 사람에게 새로운 것을 받아드리도록 원 인을 제공하는 경우
- 규정을 안 지키던 사람에게 규정을 지키도록 유도하려는 경우
- 경쟁에서 전의戰意를 불태우도록 만들려는 경우

기업의 경영자나 관리자는 미팅 시 대화에서 하급자의 역량 이 뛰어나다는 암시를 주어 동기부여를 하고 능력을 발휘할 수 있도록 후원하고, 의사결정을 할 때 그들의 아이디어를 진지하 게 고려해주어야 한다.

'이봐 김 군. 왜 또 사고치고 그래'하며 인상쓰고 하는 비판보 다는, 지도choaching를 통해 직원이 스스로 움직이는 올바른 업무 수행자로 만들어야 조직이 보다 활성화 된다.

'탁월한 일 솜씨야.'

'천지개벽할만한 아이디어야, 역시 자네답군!'

사람은 남이 인정해주면 자신감이 생기고 인정해준 사람을 실망시키지 않으려 하며, 특히 능력을 발휘하고 부단히 노력하

게 된다. 평소 부하직원을 격려해주고 안내해주어야 한다.

지도는 시행착오를 시정하는 것이지만, 사전에 구체적으로 업무처리의 기준을 명확히 지시를 하고, 그대로 처리하지 않을 경우에 불이익을 준다는 것을 모두에게 밝혀둔다. 이 기준에 어긋나면 반대급부가 주어질 것이라고 부하직원은 예견하게 되므로, 반감도 갖지 않게 되고 스스로 잘못을 인정하게 되어 시정하려고 노력하게 된다.

평가 절하하는 태도를 삼간다

문제가 생기면 바로 주의를 주어야 한다. 질책 대상자도 나중에 들으면 '괜한 잔소리만 늘어놓는다'고 가볍게 생각하는 경우도 생긴다. 잘못을 지적할 때에는 '당신은 일을 못해!'하고 평가 절하하는 태도를 삼가고 적절한 시기에 구체적으로 기준에 맞지 않는다는 점을 밝혀 스스로 잘못을 깨닫도록 해야 한다.

직원들이 상사를 조롱하는 유머가 있다.

한 직원이 부서 회의가 끝난 뒤 투덜댔다.

'부장은 건설적 비판이니 파괴적 비판이니 했지만 도대체 무엇이 건설적이고 무엇이 파괴적이란 말야? 헷갈리잖아!' 옆에 있던 다른 직원이 한마디 한다.

'간단하지 뭐. 부하에 대한 비판은 건설적이고, 부장에 대한 비판은 파괴적이지.'

직원이 중대한 실수를 한 경우, 어떻게 코칭해야 될지 그 수위 조절에 상사는 고민하게 된다. 벌컥 화를 내고도 싶지만 그렇다고 문제가 해결되는 것은 아니다. 사안이 중대한 만큼 당사자도 정신적으로 충격을 받았을 것이고 질책을 받을 각오도 했을 것이다. 이런 상황에 빠진 당사자에 대한 감정적 처리는 오히려 역효과만 날 뿐이다.

화를 내지 말고 이성을 가지고 얼굴을 맞대야 한다. 상사가 자제력을 잃으면 그에 대한 존경심도 잃게 되고 문제 해결에도 도움이 되지 않는다.

중대한 실수를 했다고 해서 가급적 제3자나 여러 직원들이 보는 앞에서 질책하는 것은 피하고, 적절한 시간과 장소를 선택해서 지도를 해야 한다. 어느 직원이 공개적으로 질책을 받으면 동료 직원들은 개인에 대한 질책이 아니라, 직원 전체에 대한 질책으로 받아들여 모든 직원의 사기가 땅에 떨어질 가능성이 있다.

질책은 유머스럽게 한다

사람은 누구나 실수할 수 있다. 실수를 했다고 해서 그 사람의 인격 전체를 비난하는 것은 절대로 삼가야 한다.

가뜩이나 고통을 받고 있는 당사자는 잘못된 행위와 직접 관련이 없는 부분까지 싸잡아 비난을 하게 되면 코칭의 효과를 얻을 수 없다.

감정을 상하게 하는 파괴적 비난은 다음과 같다.

- 빈정거리며 신랄하고 가혹하게 비난한다.
- 이유도 없이 한참 뒤에 비난한다.
- 잘못을 상대방의 내적 원인으로 돌린다.
- 모든 것을 싸잡아 비난한다.
- 사람 자체에 대해 비난한다.
- 상대방에 대한 지배와 앙갚음의 목적으로 비난한다.
- 개선을 위한 제안 없이 비난한다.

지적을 문제된 사안이나 직무와 관련된 행동 양식이나 직무 성과에 영향을 미치는 당사자의 언행에만 한정시킨다. 근거를 제시하여 문제가 무엇인가를 정확히 밝히고 개선을 요구하는 것이 합리적인 지도이다.

질책은 부하직원의 업무능력을 개선하기 위한 것이다. 그렇기 때문에 앞으로 해야 할 방향을 다시 지시를 해야 된다. 향후 그 직원이 무엇을 하고, 어떤 개선된 결과가 나와야 하는지 확실히 깨달을 수 있도록 분명히 해야 한다. 직원에게 달갑지 않은 말을 하고, 앞으로 어떻게 해줄 것을 요구하는 지시를 하지 않는다면, 코칭을 하나마나한 상황이 된다.

사기를 진작시키는 긍정적인 코멘트를 하라

잘못했다고 부정적인 면만을 강조하여 자꾸 코너로 몰면, 당사자는 자신을 무능력한 사람이라고 평가하여 일할 의욕까지 잃어버릴 수 있다.

'이런 점은 잘하고 있어'와 같은 긍정적인 코멘트와 '이런 점이 개선된다면 더욱 효과적일 것 같다'는 건설적인 코멘트를 적절히 섞어 앞으로 일을 할 수 있는 여지를 주는 것을 잊지 말아야 한다. 따라서 꾸짖기와 칭찬하기를 절묘하게 하면 잘못을 고치고 새로운 의욕을 갖게 되어 코칭의 목적이 달성될 수 있다.

생각의 샘

1805년 10월 21일, 트라팔가 해전이 시작되기 약 30분 전, 영국 함대 사령관인 넬슨제독이 기함旗艦 빅토리호에 내걸어 붙인 구호는 '영국은 각자가 그 의무를 다할 것을 기대한다'는 것이었다. 그것도 단지 깃발 한 장이었을 뿐이다.

생각하는 유머

'새파랗게 젊은 당신이 왜 늙다리 존슨을 러닝메이트로 골랐소?' 대통령 취임식 파티석상에서 한 기자가 존 F. 케네디에게 던진 삐딱한 질문이다.

'아! 그건 내가 어리니까 나이 많은 보호자가 없으면 기차도 못 탈 것 아니오.'

사람 · 성공 그리고

한번 타인의 마음으로 모든 일을 바라보라! 그렇게 하면 진실이 눈에 나타난다.
－조셉 머피 －

웃음

●●○ 캐나다 토론토에서 세계 심리학회 주최로 회의가 열렸다. 그 회의에서 여러 이슈를 다루었는데 그 중에서 '21세기의 성공 요소는 무엇인가?'라는 질문에 대다수 토론자들은 성격character 을 꼽았다. 호감이 가고 붙임성이 있으며 유머스런 성품이 성공 과 삶의 질을 결정하는 시대이기 때문이다.

재미있는 사람, 정다운 관계

흔히 사람 인(人)자는 두 사람이 서로 기대고 있는 모양이라고 한다.

우리는 아침에 잠을 깨서 밤에 잠자리에 들기까지 많은 사람 들을 만난다. 그 사람들 중에는 서로 잘 알고 있는 사람도 있을 것이고 낯선 사람도 있을 것이다. 그들 가운데 만나서 반갑고 즐거운 사람, 사랑스러운 사람, 정다운 사람이 있는가 하면 그 렇지 않은 왠지 부담이 가는 사람, 피하고 싶은 사람, 껄끄러운 사람, 미운 사람도 있을 것이다.

사람은 살아가면서 타인과 관계를 맺게 된다. 그 관계 속에 서 살아가는 데 필요한 모든 것, 즉 사랑이든, 돈이든, 물건이든, 지식이든 서로 소통하면서 살아야 하는 것이다. 특히 사회적 지위, 돈, 풍요로운 삶이라는 꿈을 이루려면 관계를 잘 유지해야 한다. 혼자서는 성공할 수 없다. 사이버 네트워크와 휴먼 네트워크가 더욱 중요시되고 있다.

인간관계와 얼음장

우리는 본능적으로 다른 사람의 나이나 성별, 직업, 사회적 지위에 어울리는 말과 행위로 관계를 유지한다.

우리가 타인과 맺고 있는 관계, 즉 인간관계에는 상대에 따라 사이가 좋은 관계, 사이가 나쁜 관계, 그리고 좋지도 나쁘지도 않은 중간 형태의 관계가 있다. 좋은 인간관계는 삶을 풍요롭게 한다.

사람과 사람의 관계는 마치 살얼음판을 걷는 것과 같아서 잘못하면 깨어져버린다. 그렇게 좋던 사이도, 사랑하던 사이도 한마디 말, 순간의 실수로 헤어지는 아픔을 맛보아야 하는 불상사도 일어난다. 그래서 노래 중에 만남보다는 이별을 주제로 한 노래가 많은가 보다.

자신을 지키려는 본능이 있다

사람은 자신을 지키려는 본능이 있어 아무리 사랑하는 사이, 오랜 친구 사이로 터놓고 소통을 한다고 해도 비밀이 있기 마련이다. 서로가 항상 기계로 찍어내듯이 마음을 똑같이 맞출 수는 없다. 그 보이지 않는 간격이 크면 갈등이나 불화 더 나아가 적대적인 관계가 되기도 한다.

또한 사람마다 보는 눈이 다르다. 그래서 불행이 생긴다. 사람들마다 다른 가치관과 태도를 갖고 있다. 또한 선천적·후천적으로 형성된 성격, 습관, 취미, 관심 등이 사람마다 다르다. 이러한 기본적 성향과 가치관 등의 차이 때문에 사람은 누구나 주변에 마음이 잘 맞지 않은 사람이 있게 마련이다. 특히 상대가 이렇게 해주기를 바랐는데 그렇지 못한 경우에 갈등이 생긴다. 그 상대가 가족 중의 한 사람일 수도 있고, 아니면 직장 동료나 상사일 수도 있다.

상대에게 실망하거나 거절당하면 그때부터 머리가 아프다. 그리고 외로움을 타게 된다. 다시 그 사람을 만나면 웃는 낯을 하기가 어려워지고 말에 슬슬 가시가 돋는다. 정도가 심하면, 'ㅇㅇ만 안 보면 살 것 같다'는 생각이 들고 나아가 미워지기까지 한다.

미운 사람은 같이 있기도 싫고 어쩔 수 없이 같이 있어야만 되는 경우에도 웃는 모습도 밉고, 특히 아주 싫은 사람은 행동거지 하나하나가 눈에 거슬린다. 살면서 이렇게 되지는 말자. 정말 거부할 수 없다면 수용하고 사랑하는 것도 하나의 방법이 될 것이다.

아낌없이 주는 사람

어쨌든 사람은 인간관계 속에서 고뇌하기 마련이다. '적과의 동침'이란 영화 제목처럼 그것이 아무리 어렵고 힘들더라도 마음속으로 스스로를 달래가며 어떻게든 참고 사람과 사람 사이에 적응해 가지 않으면 안 된다. 숙명이니까. 그래서 이런 유머도 있다.

'세상이 돌아가고 있는 모습을 생각하면 골이 아프다. 만일 모세가 오늘날 다시 돌아온다면 양손에 무엇을 들고 올까? 아스피린!'

오히려 우리는 성공하려면 역전 홈런을 쳐야 한다. 좋은 관계, 사랑하는 관계로 바꿔야 한다. 그래야 마음도 편하고 일하기도 좋다. 어느 분야에서든 최고가 되어 성공한 사람이 되려면, 적을 만들기보다는 아낌없이 주는 베풂이 많아야 한다.

성공한 사람들은 분명히 기획력, 추진력, 인내력을 갖추고 뛰어난 의사소통 능력으로 다른 사람의 마음을 움직이고 협력을 얻어내는 남다른 능력을 지니고 있다. 흔히 어떤 일의 성과는 능력과 동기의 함수라 하여 다음과 같은 식으로 나타낸다.

$$성과 = 능력 \times 동기$$

능력이란 어떤 일을 할 수 있는 최대한의 한계를 나타내는 것으로, 선천적 또는 후천적으로 생겨날 수 있다. 심리학자들에 의하면 성과를 좌우하는 정신적 능력으로 언어이해 능력, 어휘사용 능력, 수리 능력, 공간 능력, 기억 능력, 업무지각 능력, 귀납적 추리 능력 등의 일곱 가지를 든다. 이 중에서 인간관계 기술의 밑거름이 되는 '어휘사용 능력'은 다른 사람과 소통하는 능력이 되므로 무엇보다도 중요하다.

그리고 다른 사람에게 주는 이미지를 더 강렬하게 하기 위해서, 즉 다른 사람들이 자신을 더 좋게 생각하기 위해서는 자신의 스타일을 새롭게 바꿀 필요가 있다.

⋮ 생각의 샘

헤르만 헤세의 단편에 《어거스티스》란 작품이 있다. 어거스티스가
세상에 태어났을 때 한 이상한 노인이 어머니를 찾아와 아기의 출생을
축하하는 뜻에서 아이를 위한 소원 한 가지만 들어주겠다고 말한다. 어
머니는 '이 아이가 누구에게나 사랑을 받는 사람이 되게 해주십시오'라
고 말했다.

어거스티스는 어머니의 희망대로 많은 사람들로부터 사랑을 받으며 자
라났다. 그러나 사랑에 취해 교만해지고 결국 자기는 남을 사랑하지 못
하는 존재가 되어버렸다. 그의 말년에는 많은 사람들로부터 버림을 받
는 비참한 인생으로 전락하고 말았다.

늙은 어거스티스에게 그 이상한 노인이 찾아와 '어떤 인간이 되고 싶은
지 한 번 더 소원을 들어주겠다'고 했다. 어거스티스는 서슴지 않고 '누
구에게나 사랑 받는 사람이 아니라 누구에게라도 사랑을 줄 수 있는 사
람이 되게 해주십시오'라고 대답했다고 한다. 헤세는 이 작품을 통해 행
복은 사랑을 받는 것에 있는 것이 아니라, 사랑을 주는 것에 있다는 메
시지를 독자에게 전하고 있다.

어느 여름, 고르바초프가 모스크바 거리를 걷다가 눈이 휘둥그래졌다. 난데없이 한 아주머니가 멜론을 팔고 있었기 때문이다.

'웬 떡이냐' 하고 고르바초프가 그 앞에 앉았다.

'이것 파는 거요?'

'그럼 안 파는 물건을 내놓는 장사꾼도 있나요?' 대답이 퉁명스러웠다.

사마르칸드에서나 왔을 법한 멜론의 맛이라니!

군침이 도는 고르바초프는 개의치 않았다. 운송 사정이 나빠서 여간해서는 못 사먹는 귀물을 그가 살펴보았다. 밑이 좀 상해 있었다.

'왜 상한 것 하나뿐이오. 내가 고를 여지가 없지 않소?'

노점상 아주머니가 물었다.

'당신 대통령이지?'

고개를 끄덕이는 대통령에게 여자의 침 섞인 말이 날아들었다.

'우리가 당신 뽑을 때나 마찬가진데 뭘.'

네 가지 황금률

웃음은 전염된다. 웃음은 감염된다. 이 둘은 당신의 건강에 좋다.
– 윌리엄 프라이 –

●●○ 어느 자리에서든지 돋보이는 사람이 있다. 주위 사람들이 즐거워하며 그의 말이라면 귀를 솔깃해 한다. 그에게 무슨 마력이 있을까?

어떻게 하면 좋은 리더십과 좋은 인간관계를 맺을 수 있을까? 이것이 사람들이 가정에서나 직장에서나 항상 고민하는 문제이다.

나를 따르라고 상대를 억누르면 갈등이 생겨 오히려 부작용이 생기고 또 다른 문제가 생긴다. 자연스럽게 나에게 마음을 오게 해야 한다. 그러기 위해서는 인간관계를 형성하거나 유지시킬 때에는 적어도 다음의 네 가지 황금률을 지켜야 한다.

자기 긍정, 타인 긍정

첫째로 자기와 타인을 긍정한다(I'm OK. - You're OK)는 처세의 원칙을 가져야 한다.

말이나 행동에는 그 사람의 모든 것이 배여 나온다. 그것을 보고 사람들은 그 사람을 가늠한다. 자기에 대한 가치와 타인에 대한 가치를 모두 긍정적으로 보는 태도는 이상적인 삶의 자세이다. 이러한 태도는 자연스럽게 대인관계에 자신감과 너그러움을 갖게 한다.

마음의 감옥

대인관계에 문제가 있는 사람의 상당수는 타인과의 관계나 대화에서 자신의 능력을 과소평가하고 있다. 이런 사람은 자신감이 부족하다.

스스로를 마음의 감옥에 가두는 사람이다. 자기를 무지하고 못난 사람으로 여기며, '나는 안 돼' '나는 제대로 말을 못 해'라고 자신을 궁지로 몰기도 한다. 특히 다른 사람과의 대화에서 처음부터 자신이 실패할 것이라고 지레 겁부터 내고 뒷전으로 물러나게 된다. 이런 사람은 손해를 보기 마련이다.

그리고 매사에 부정적인 태도를 취하면 얼굴 표정도 찡그리게 되며, 하는 말도 향기롭지 못하다. 주변 사람들이 그런 태도에 실망해 '상대할 사람이 못 돼' 또는 '재미없는 사람이야' 하며 하나둘씩 그 곁을 떠나가게 된다. 이런 사람들은 많은 노력과 긍정적인 사고를 가지고 자신 있는 삶을 살 필요가 있다.

얼굴을 디자인하라

밝은 표정의 원칙, 즉 밝은 모습으로 사람을 대해야 한다는 원칙이다.

'누가 웃는 얼굴에 침을 뱉으랴.'

웃는다는 것은 예나 지금이나 좋은 표정 디자인이다.

인간관계에 미소처럼 좋은 약은 없다.

'잡보잡경'이란 불경에 나오는 말로서 남에게 베푸는 데에는 많든 적든 간에 재물이 드는 법인데, 재물 없이도 베풀 수 있는 일곱 가지 보시[無財七施]가 있다고 하였다.

● 안시眼施 : 호의를 담은 부드럽고 편안한 눈빛, 눈으로 베푸는 것이다.

● 화안시和顔施 : 온화하고 밝은 표정으로 남에게 도움을 주는 것이다.

● 언사시言舍施 : 부드럽고 다정한 말로 상대방을 감동시키고 즐겁게 하는 것이다.

● 상좌시床座施 : 다른 사람에게 자리를 양보하거나, 편안하게 해주는 것이다.

● 신시身施 : 손을 잡아주고 짐을 들어주는 등 공손한 태도로 몸으로 베푸는 것이다.

● 방사시房舍施 : 지나가는 과객이라도 편안하게 쉴 수 있는 공간을 제공해주는 것이다.

● 심시心施 : 마음을 열어 어질고 따뜻한 마음을 주는 것이다.

이 중에서 그 첫째가 얼굴로 베푸는 웃음이라고 한다.

미국의 빌 클린턴 전 대통령의 어머니인 버지니아 클린턴 켈리는 나이트클럽에서 남자들과 자주 사귀었고 5번이나 결혼했으며, 불행한 결혼생활 속에서도 정과 융통성이 많았으며 유머가 넘쳤다고 한다.

간혹 의붓아버지가 아들을 때리면 맞서 싸우는 등 자식사랑은 남달랐다고 한다. 그런 여건 속에서도 아들에게 3가지 불가쯔 可를 가르치며 생활의 어려움을 극복하도록 했다고 한다.

'절대 포기하지 마라. 항복하지도 마라. 웃는 걸 두려워하지 마라.'

웃음은 웃는 사람 자신에게 여유를 갖게 하며, 스트레스를 줄이고 자존심을 높여주며 건강을 가져다준다.

예전에 외국인들이 한국에 처음 왔을 때 대체적으로 우리에게 갖는 느낌은 대다수의 한국인들은 화낼 준비를 하고 있다는 것이다. 이런 이유로 2002년 월드컵 행사를 전후로 해서 '활짝 웃어보자'는 미소짓기를 권하는 공익광고가 텔레비전에서 방영되기까지 했었다.

인간관계는 서로가 서로에 대해 어떻게 대하느냐에 따라 달라진다. 그만큼 상대적이다. 밝은 미소로 상대를 대하면 상대도 밝은 미소로 답하게 된다. 그리고 밝은 내용의 이야기를 하면 서로가 밝은 마음을 갖게 된다.

경제학자 볼딩K. Boulding은 이것을 '거울원칙Mirror principle'으로 설명했다. 사람이 거울 앞에서 웃는 표정을 하면 거울 속의 상대도 웃는 표정을 짓지만, 화를 내거나 부정적인 표정을 지으면 거울 속의 상대도 부정적인 표정을 한다.

날마다 얼굴을 찌푸리고 불만을 토로하는 사람을 누가 좋다고 하겠는가. 차갑다고 여겨지는 사람에게 누가 가까이 가겠는가. 사람은 누구든지 찡그린 얼굴보다는 웃는 모습을 대하는 것이 편안하게 느껴지기 때문에 더 좋아한다.

상대를 인정하라

중요한 존재로서 인정 원칙이다.

대인관계가 좋은 사람들의 공통적인 특성은 그들이 편견을 갖지 않고 다른 사람을 대하고 특히 중요한 존재로서 인정한다는 것이다.

성공적인 인간관계를 위해서는 많은 사람들을 만나고 사귀고 넓혀가야 하는데, 이를 '대인관계의 확대화human relationship enlargement'라 한다. 그러나 이것 못지 않게 중요한 것은 서로 깊은 신뢰를 쌓아가는 '대인관계의 충실화human relationship enrichment'이다. 서로가 마음이 통하는 관계로 심화되려면, 상대방을 중요한 존재로서 인식한다는 공통분모가 있어야 한다.

사람은 누구나 다른 사람으로부터 인정을 받고 싶어하는 욕구를 가지고 있다. 상대방에게 진심으로 중요한 존재라는 것을 느끼게 해주는 것처럼 효과적인 인간관계 원칙도 없다.

사람은 다른 사람들로부터 '정말 잘했어' '당신은 그 방면에 소질이 있어'와 같은 인정이나 상대방이 나를 좋아한다는 말 한마디에 감동해서 기뻐하고 두고두고 잊지 않는다. 그래서 심지어 자신을 알아주는 사람을 위해서 목숨까지 바친다는 말도 있지 않은가.

상대의 장점을 찾아내어 칭찬하고 격려하라! 그러면 상대는 당신의 일에 적극 협조할 것이다.

인간미가 담긴 말

건네는 말에 진실이 담겨져야 하고 합리성을 갖추어야 하며, 인간미가 실려야 한다.

물을 엎지르는 것과 같이 말하기는 순간적으로 실현되며 다시 주워담기는 어렵다. 누구든지 '본래 그럴려고 한 뜻이 아니었는네⋯⋯' 하며 후회해본 적이 있으리라. 상대를 위하는 마음을 전하는 말도 잘못 전하면 하지 않는 것만 못한 때도 있다.

마더 테레사는 나병 환자의 발을 씻기며 '그들에게서 나는 신의 모습을 본다'고 했다. 이 얼마나 위대한 사랑이며 지극한 인간미의 극치가 아닌가?

'당신 제대로 된 사람이야. 이 일도 못 하니 말이야'와 같이, 상대의 체면을 자극하면 상대는 일단 의사소통의 장애를 일으키고 이어지는 내용 전달의 전반에 문제를 일으킬 뿐만 아니라 극으로 치달아 관계까지 나빠지는 경우가 있다.

그래서 말을 할 때는 표현방법이 매우 중요하다.

이와 같이 말에는 기氣 죽이는 말, 슬픔을 주는 말, 상처를 주는 말이 있는가 하면, 기 살리는 말, 기쁨을 주는 말, 사랑을 주는 말이 있다. 어떤 말을 해야 할까?

생각의 샘

미국의 링컨 대통령은 남북전쟁 중에 그의 친구 몇 사람이 그의 적을
비난하자 이런 말을 했다고 한다.

'자네들은 나보다도 개인적인 원한이 많은 것 같군 그래. 여하튼 그렇게
생각하는 것은 하등 이익이 될 것이 없지. 인생의 절반을 논쟁으로 허비
할 겨를이 어디 있는가. 만일 누가 나를 존경하지 않으면 오히려 그 사
람의 과거사를 잊어버리기로 했네.'

인간관계에서 우리가 서로를 용서하고 관용하지 않으면 결국 너무나
많은 것을 잃게 된다.

생각하는 유머

천국과 지옥을 견학한 결과 두 곳 모두 먹을 것이 많았다. 그런
데 천국에 사는 사람은 살이 찌고 건강하며 즐거워 보인 반면,
지옥에 사는 사람들은 못 먹어서 야위고 거칠어 보였다.

천국에서나 지옥에서나 모두 1미터가 넘는 젓가락을 사용하고
있었는데 젓가락이 너무 길어 먹기가 무척 어려웠다.

지옥에 있는 사람은 자기만 생각하다 한 톨의 밥도 입에 넣을
수 없었다. 그런데 천국에 있는 사람은 자기 입으로 가져가는 것
이 아니라 긴 젓가락으로 상대방을 먹이기에 바빴다.

말의 위력

세계 어디서나 인간이 가지고 있는 본성은 똑같다.
다른 것은 그것을 어떻게 표현하는가이다.
그것은 지역에 따라. 환경에 따라 서로 다른 모양을 취한다.
우리들은 그 갖가지 모양과 하나하나씩 교제해 나가야 한다.
— 필립 체스터필드 —

●●○ 흔히 한국 남편들은 무뚝뚝하다고 평가받는다. 이에 대해 '무뚝뚝함 속에 변치 않는 사랑, 깊은 사랑이 담겨 있다'고 남편들은 말한다. 부모들은 자식을 때리면서 '내가 너를 사랑하기 때문에 때린다'고 말한다. 사랑하다가 이별하는 사람은 '사랑하기 때문에 헤어진다'고 말한다.

이와 같이 말에는 이성적으로 해석되지 않는 역설과 반어적인 묘미가 있다.

생각과 감정

죽은 자는 말이 없다. 산 자는 말이 많다.

우리 인생은 말로 시작해서 말로 끝난다고 해도 지나치지 않을 것이다. 눈을 뜨고 숨쉬고 있는 동안 우리는 끊임없이 남에게 말하고 남의 말을 듣는다. 그 말에 자신의 생각과 느낌을 담아서 상대에게 전하고, 상대의 말을 듣는 동안 상대의 생각과 느낌을 파악하려고 한다.

사람은 기분이 좋으면 이성과 긴장했던 신경이 느슨해진다. 그래서 가만히 있는 사람에게도 농담을 하고 말도 많아진다. 하지만 괴로우면 말하기도 싫고 짜증이 나며 모든 사람이 귀찮게 여겨진다.

사람은 '감정'을 가지고 있는 동물이기 때문에 말 외에 감정이 개입되어서 목소리의 톤과 몸짓에 나타난다. 상대도 센서처럼 그 감정을 감지해서 의사결정의 잣대로 사용한다.

말과 감정을 종합해서 판단한 상대는 자신의 입장을 검토한 후 가부_{可否}를 결정한다. 어떤 경우에는 기분이라는 감정적 요소가 더 작용해서 '그래, 좋아'하는 화답을 주기도 한다.

말은 희로애락의 곡선

'말 한마디에 천냥 빚도 갚는다'는 속담이 단적으로 말해 주듯, 말을 잘하는가 못하는가에 따라 상대에게 전혀 다른 인상을 준다. 말은 듣는 사람의 마음을 즐겁게도 하고 화나게도 할 뿐만 아니라 어떤 일을 성사시키기도 하며 불가능하게도 한다.

거절만 해도 그렇다.

'나도 어려워서 그래, 자네가 이해를 해주었으면 좋겠어'하고 상대가 기분 좋게 받아들이기 쉬운 거절의 말이 있는가 하면, '무조건 절대로 안 돼!'라고 단호하게 거절할 경우에는 오히려 분통을 터뜨리는 경우도 생긴다.

더 나아가 서로 친하던 사이가 멀어지고 싸움이 일어나는 이유도 한마디의 말 때문이다. 반대로 말 한마디로 남녀 간에 사랑이 싹트고, 도저히 어렵다고 생각했던 일이 성취되기도 하며, 다 된 밥에 재 뿌리듯이 거의 성사될 뻔한 일이 물거품이 되는 경우도 있다.

이해인 수녀님의 《말을 위한 기도》라는 시에서와 같이 '언제나 기도하는 마음으로 도를 닦는 마음으로 말을 하게 하소서'를 지키면 좋을 것이다.

누구나 맛깔스런 말을 하고 싶어한다

한편으로 요즘 사람들은 친구들을 만나거나 친목회, 동창회 등과 같은 사적모임에 참석하면 신나고 즐거운 분위기를 좋아한다. 그래서 분위기를 잘 이끄는 사람이 인기를 끈다. 분위기를 가라앉히는 이야기, 침울하게 하는 주제는 싫어한다.

사람들은 말을 잘하고 싶어한다. 말을 잘하고 싶은 것은 자기자신을 돋보이게 하려는 본능이다. 자신을 좀 더 잘 표현하려면 기본적으로 음성, 어휘 선택, 표현구조, 그리고 어법과 말하는 태도를 잘 조화시켜야 한다. '말을 잘한다'는 것은 상황에 따라 여러 가지 의미로 쓰일 수 있다.

- 이치에 맞게 하고 싶은 말을 제대로 하는 것
- 언변이 뛰어나 남들 앞에서 자신의 생각을 막힘 없이 표현 함으로써 누구에게나 호감을 사는 것
- 조리 있고 논리적인 표현으로 타인의 공감과 설득을 얻는 것
- 유머와 농담을 잘해서 말이 재미있게 느껴지는 것

《탈무드》에 이런 얘기가 있다.

어떤 장사꾼이 골목을 돌아다니며 외치고 있었다.

'행복하게 사는 비결을 팝니다. 싸게 팝니다.'

그러자 눈 깜짝할 사이에 많은 사람들이 골목을 메웠다. 그 가운데는 랍비들도 있었다.

'내게 파시오. 나도 사겠소. 값은 후하게 주겠소'하고 여기저기서 앞 다투어 외쳐댔다.

그러자 장사꾼은 이렇게 말했다.

'인생을 진실로 참되고 행복하게 사는 비결은 자기 혀를 조심해 쓰는 것이요.'

우리가 하는 말에는 사람을 울리고 웃기고 하는 무서운 힘이 있다는 것을 늘 염두에 두어야 한다. 그렇기 때문에 '말조심하라'를 조심해야 할 사항 중에서 으뜸으로 여긴다. 이 힘을 조절하는 기술, 즉 멋진 화법은 성공하는 능력이요, 무기가 된다.

일반적으로 말을 효과적으로 하려면 때time, 장소place, 목적object에 맞추어 해야 한다. 좋은 화법은 상대가 듣고 싶어하는 말과 내가 하고 싶은 말 사이에 센스있는 조율이 필요하다.

중국 송나라 시대의 왕안석王安石이 한 말을 항상 기억하자.

'행동하기 전에 생각을 해야 하고, 입을 열기 전에 할 말을 골라야 한다. 臨行而思 臨言而擇'

신체장애인으로서 제2차 세계대전을 승리로 이끌고 미국 역사상 3선까지 했던 미국의 루즈벨트 대통령은 누군가가 다음날 자기를 찾아온다고 하면 그 사람이 좋아하고 관심이 있는 문제에 대해 그 전날 밤늦게까지 연구했다고 한다. 그래서 그를 방문한 사람은 그 누구라도 그의 박식함에 놀랐다고 한다.

훗날 어느 학자는 루즈벨트를 '그는 상대방이 카우보이이거나 의병대이거나 정치가, 외교관 그 어느 누구라도 그 사람에게 맞는 화제를 풍부하게 가지고 있었다'라고 평가했다고 한다.

사람의 마음을 사로잡는 방법은 그의 관심 분야를 화제로 삼는데 있다.

미국변호사협회ABA가 1998년 8월 토론토에서 연례회합을 갖고 1912년 빙산에 부딪혀 북대서양에 침몰한 타이타닉호에 대한 모의소송을 벌였다고 한다.

타이타닉호는 침몰 직전 여자와 어린이를 우선적으로 보호하는 대책을 실시하여 그 어려운 가운데서도 약자를 보호하는 대책을 실시함으로써 인간정신의 승리로 묘사되고 있다.

그러나 타이타닉호가 요즘 가라앉았다면 당장 어마어마한 손해배상소송이 잇따를 것이라고 결론지었다고 한다.

'이유는 여자와 어린이부터 대피시키는 바람에 애꿎게 수장된 남성 승객의 유족에게 성차별로 인한 과실치사에 대해 배상금을 지불하라'는 판결이 날 것이 분명하기 때문이다.

매
력
적
인
화
법

웃음은 두 사람 사이의 가장 가까운 거리이다.
- 빅터 보르게 -

●●○ 우리 인간들은 다른 사람의 주의를 끌려고 하는 욕구를 가지고 있다. 그래서 그 욕구를 실현시키려고 시간을 들여 노력하기도 한다. 주의를 끌려는 행동은 사람의 나이, 사회경험 등에 따라서 다르다.

아이들은 재롱을 피우며 가족의 관심을 끈다. 어른들도 화려한 외모나 학벌, 재력 등으로 관심을 끌려고 한다.

김수영 시인의 〈말2〉란 시에 말에 대해 잘 묘사되어 있다.

익살스러울 만치 모든 거리距離가 단축되고

익살스러울 만치 모든 질문이 없어지고

모든 사람에게 고告해야 할 너무나 많은 말을 갖고 있지만

세상은 나의 말에 귀를 기울이지 않는다

(중략)

지루하게 만드는 재주(?)를 가진 사람

사람은 누구나 남들에게 인정받고 싶어한다. 아무리 지식이 뛰어나더라도 잘난 체하는 사람은 외면 당하기 쉽고, 자신의 품격만 생각해서 고리타분하게 설교조로 얘기하고 상대의 얘기

를 무시하는 등 주변 사람들을 지루하게 만드는 재주(?)를 가진 사람은 주변 사람을 자신의 주위에서 멀어지게 한다. 이런 유형의 사람은 성공하는데 그 한계가 있지 않을까 싶다.

독일 통일을 이끌어 낸 역사학 박사 출신의 헬무트 콜 전 독일 총리는 국민들에게 항상 어수룩한 이미지로 보여 세간에서는 '최불암 시리즈'처럼 '콜 유머 시리즈'가 끝이 없었다고 한다. 그만큼 내면의 냉철함을 허술한 외양으로 포장해 국민과 친숙할 수 있었고 총리로서 16년이나 재임할 수 있지 않았나 싶다.

그는 '콜 유머 시리즈'를 듣고는 '내가 들어봐도 정말 웃긴다'고 너스레를 떠는 여유를 보였다고 한다. 콜 전 총리의 부인 하네로네 여사가 승용차에서 내리면서 실수로 문을 잠가버렸다. 열쇠는 차 안에 꽂힌 채였다. 차 안에 있던 콜 총리는 부인에게 철사로 자동차 문을 열라는 손짓을 했다. 하네로네 여사는 철사를 유리창 틈새로 밀어 넣었고 콜 총리는 차 안에서 초조하게 외쳤다.

'조금 더, 조금만 더 ……'

차 안에서 문을 열 줄 모르는 콜의 '바보스러움'을 빗댄 유머이다.

인간적인 매력은 말에서 나온다

사람들을 주위에 모이게 하는 힘에는 돈의 힘도 있겠지만 그 사람에게서 풍기는 인간적인 매력도 있다. 이 매력은 한마디로 정의할 수 없지만 해맑은 얼굴 표정과 소박하게 말하는 어투와 어휘, 그리고 넉넉함에 어우러져서 배여 나오는 인간미이다.

인간은 누구나 많든 적든 정이라는 인간적인 매력을 지니고 있다. 그것은 그 사람의 키가 크냐 작으냐, 뚱뚱하냐 말랐느냐, 잘생겼느냐 못생겼느냐 등의 외모와는 상관이 없다. 오히려 '못생겨서 죄송합니다'는 말로 스타덤에 오른 코미디계의 황제 이주일 씨도 있었지 않은가.

그것은 다른 사람과 대화할 때의 얼굴 표정에서, 감정이 담긴 목소리에서, 그리고 상대를 보는 시선에서, 상대의 말을 듣는 태도, 말을 풀어 나가는 능력 등을 통해 자연스럽게 드러난다. 그러한 매력이 동인動因이 되어 상대의 마음을 사로잡는데 기여를 한다.

민중운동가인 백기완 선생의 말은 허스키한 목소리로 진솔하면서도 우리 고유의 말이 배여 있어 아무렇지도 않게 말하는 것 같은데도 강하게 다른 사람의 마음에 호소하는 매력이 있다. 사람을 끌어당기는 인간적인 매력이 담긴 화술은 그 사람의 성격과 가치관에서 나오는 것이기 때문에 하루아침에 고칠 수는 없지만, 노력과 훈련을 통해 고칠 수 있다.

듣는 사람은 까다로운 미식가와 같다

지금까지 말하는 사람의 입장에서 생각해 보았는데, 듣는 사람의 입장도 생각해 보기로 하자. 상대의 말을 듣는 사람은 자신의 귀에 들리는 모든 얘기를 다 듣고 있을까? 그렇지 않다.

학자들의 연구결과에 의하면, 듣는 사람은 무턱대고 듣는 것이 아니라 자신이 좋아하는 사람의 말이나, 자신의 태도에 부합하는 말만을 골라 듣는다고 한다.

또한 상대의 말을 듣기로 마음먹고 듣기 시작한 경우라도 상대가 말한 내용을 그대로 받아들이는 것이 아니라, 모든 것을 자신에게 유리한 방향으로 해석하거나 아니면 자신이 좋아하는 내용만을 골라서 받아들인다고 한다.

그리고 대화가 길어지는 경우 청취의 집중력이 떨어지고 자신이 좋아하거나 자신에게 필요한 부분만을 선택하여 기억 속에 저장하며 회상해낸다고 한다. 그렇기 때문에 듣기의 종류에도 배타적 듣기, 선택적 듣기, 적극적 듣기, 공감적 듣기 등이 있다.

영국의 처칠 수상은 유명한 연설가, 정치가로 이름이 나 있지만, 그가 처음부터 말을 잘한 것은 아니었다고 한다. 오히려 말을 더듬었다고 한다. 그는 자신의 단점을 극복하기 위해 부단히 노력했다. 아울러 자신의 연설이 보다 설득력을 갖게 하기 위해 연습하고 또 연습했다고 한다. 이러한 자기 극복의 노력을 한 결과, 그는 세계사에 길이 남는 유명한 연설가가 되었다.

중요한 것은 자포자기가 아니라 자기 극복이다.

레바논 내전 중에 그 곳을 여행하고 있던 한 미국인에게 마스크를 쓴 채 총을 든 사람이 불쑥 나타났다. 그리곤 큰소리로 묻는 것이었다.

'당신은 기독교인이요? 아니면 회교도요?'

잘못된 말 한마디가 그의 생명을 앗아갈 수 있는 찰나였다.

그때 미국인이 대답했다.

'나는 여행가요.'

웃음과 행복

그대의 마음을 웃음과 기쁨으로 감싸라.
그러면 100가지 해로움을 막아주고 생명을 연장시켜 줄 것이다.
- 윌리엄 셰익스피어 -

●●○ '행복한 사람이 웃는 것이 아니라 웃는 사람이 행복한 사람이다'고 하버드 대학교 심리학과 교수인 윌리엄 제임스는 말했다.

어떤 사람이 당신에게 '무슨 재미로 삽니까?'라고 묻는다면 어떤 답을 하겠는가.

뉴스를 보면, 매일 새로운 사건이 발생해서 사람이 다치거나 죽는 일이 우리를 슬프게 하고, 각종 비리가 터져 나와 우리를 화나게 하며, 정치판도 서로 헐뜯는 논쟁으로 이 나라가 어디로 갈지 우리의 마음을 답답하게 한다. 또한 우리의 주머니를 좌우하는 경제도 중국과 미국 특히 미국 의존도가 높고 코로나19가 언제 끝날지 모르는 상황이기 때문에 요즘 같아서는 칼날 위를 걷는 기분이 든다.

즐거움을 준다는 방송 프로그램이나 스포츠 경기에도 좋아하는 연예인이 안 나오면 재미없고, 응원하는 팀이 지면 괜히 응원했나 하는 심통이 생긴다.

이렇게 세상은 즐거움보다는 걱정스런 일이, 기쁜 일보다는 슬픈 일이 더 많다고 할 수 있다. 그렇기 때문에 사람은 무표정하게 지내는 시간이 더 많은 것 같다. 인내는 쓰지만 그 열매는 달다는 말처럼 그래도 웃다 보면 기쁜 일이 생기기 마련이다.

웃는 행동이 웃는 감정을 만든다

슬픔의 표현이 눈물인 것처럼 기쁨과 즐거움의 표현은 바로 웃음이라고 할 수 있다. 이 감정의 산물들의 가장 큰 차이점은 웃음은 웃는 자를 힘있게 하지만, 울음은 우는 자를 더 약하게 만든다는 것이다.

그리고 웃음은 우리를 고통에서 벗어나게 함으로써 생기를 느끼게 하고, 눈물은 우리를 고통 속으로 빠뜨려 나중에는 마음의 병이 되게 한다. 또한 울고 나서는 눈물도 닦아야 하고 콧물도 훔쳐야 하며 여성의 경우 가수 와스의 노래처럼 화장도 고쳐야 하는 번거로움도 따른다. 그러나 웃고 나서는 뒤처리를 할 것이 없다.

웃음이 있는 곳에 즐거움이 있다. 힘들고 험하고 어지러운 이 세상에서 웃으며 살아 갈 수 있는 것은 '신神이 내린 선물이요, 참으로 행복한 일'이다.

'소문만복래, 즉 웃는 집에 만복이 들어온다笑門萬福來'고 했으니 웃고 사는 것은 스스로 복을 부르는 것이다. '가화만사성, 즉 집안이 화목하면 모든 것이 이루어진다家和萬事成'는 말도 웃음이 없으면 집안이 화목해질 수가 없고, 만사가 쉽게 이루어질 수가 없다는 것이다.

웃음은 보약보다 좋다

'한 번 웃으면 한 번 젊어진다ー笑ー小'와 같이 예로부터 전해오는 말 중에는 웃음의 효용에 관한 속담들이 있다.

그리고 허준 선생의 《동의보감》에 '웃음은 보약보다 좋다'는 기록이 있는 것으로 보아 유교 문화에 눌려 잘 웃지 않았던 우리 조상들도 웃음의 가치를 인정하고 있었음을 알 수 있다.

서양에서도 웃음이 스트레스를 해소시켜 육체 건강과 정신 건강을 유지하는데 큰 도움이 되며, 더 나아가 인간의 질병을 예방하고 질병을 치료하는데 상당한 효과가 있다고 말하고 있다.

과학적으로 입증된 웃음의 효능은 다음과 같다. 웃음은 15개의 안면 근육과 몸에 있는 230여 개의 근육을 동시에 움직이는 신체 운동이라고 한다.

1시간 동안 개그 프로를 시청한 사람의 혈액에는 세균에 저항하는 백혈구가 증가하고, 스트레스를 유발하는 호르몬인 코티솔은 줄어든다고 한다. 또한 암세포를 물리치는 NK(자연살해) 세포가 증가한다고 한다.

대체적으로 하던 일이 잘 안 되거나 어려운 처지에 있는 사람은 스트레스에 눌려 잘 웃지 못한다. 그러나 잘 웃는 사람을 살펴보면 마치 딴 세상에서 온 사람 같다. 고민할 문제가 별로 없고 행복하게 살고 있는 것 같다. 따지고 보면 그들에게도 문제가 없는 것은 아닐 것이다. 다만, 문제를 낙관적으로 여기고 잘 웃기 때문에 행복한 것 같다. 그리고 그 웃음 속에 여유와 행복이 배여 나오는 것이다.

서로의 거리를 좁히는 데는 웃음이 최고다

사람은 혼자 있을 때 별로 웃지 않는다. 다른 사람들과 어울려서 담소를 나누며 즐거움을 나눌 때 웃음의 정도가 커지고 '즐겁다, 재미있다, 시간가는 줄 몰랐다'는 교감이 형성되어 즐거움이 배가 된다.

미국 메릴랜드 주립대학의 로버트 프로빈 교수는 혼자서 코미디 영화 등을 볼 때보다 여럿이 함께 볼 때 30배나 더 많은 웃음이 터져 나온다는 연구 결과를 발표했다.

어떤 사람은 돈 모으는 것이 사는 재미라고 하지만, 진정한 사는 재미는 즐겁게 일하고 성취하며 서로 좋은 기분을 나누는 것이 아닌가 싶다. 특히 사람과 사람의 거리를 좁히는 데는 웃음이 최고다. 웃음이 바로 인간관계 성공의 열쇠이다.

웃음이라고 다 좋은 것은 아니다

웃음이라고 하는 카테고리에는 그 사람이 처한 상황에 따라 전혀 의미가 달라지는 여러 가지 웃음들이 포함되어 있다. 이것은 자신의 정신건강과 인간관계를 해치는 웃음과 그렇지 않은 웃음으로 크게 나눌 수 있다.

미국의 루돌프 클라임스 박사는 웃음이 건강을 주는 매우 효과적인 치료제이긴 하나 몸에 해로운 웃음 또한 있다고 지적하고, 다른 사람과 함께 웃는 것은 바람직하지만 다른 사람을 조소하는 것은 말하는 자신이나 그런 유머를 듣는 상대에게 상당한 손상을 입힌다고 했다.

다음의 웃음은 건강과 인간관계에 보탬이 되는 것들이다.

● 갑자기 터져 나오는 웃음 : 폭소爆笑

● 입을 크게 벌리고 떠들썩하게 웃는 웃음 : 홍소哄笑

● 소리내어 크게 웃는 웃음 : 대소大笑

● 큰소리로 웃는 웃음 : 방소放笑

● 소리내지 않고 빙긋이 웃는 웃음 : 미소微笑

● 기쁘게 웃는 웃음 : 희소喜笑

● 귀염성 있게 웃는 웃음 : 교소巧笑

- 아양 띤 웃음 : 미소媚笑
- 실없는 웃음 : 희소嬉笑
- 바보 같은 웃음 : 치소癡笑

다음과 같이 남을 비웃거나 업신여기는 듯한 웃음들은 자신의 건강을 해치고, 다른 사람과의 관계에 좋지 않은 영향을 미친다.

- 거짓 웃음 : 가소假笑
- 같잖아서 웃는 웃음 : 가소可笑
- 간교한 웃음 : 간소奸笑
- 쓴웃음 : 고소苦笑
- 업신여기는 비웃음 : 기소欺笑
- 쌀쌀한 태도로 웃는 비웃음 : 냉소冷笑
- 코웃음 : 비소鼻笑
- 비웃음 : 조소嘲笑
- 빈정거리는 웃음 : 치소嗤笑

웃음이 가져다주는 생리적 효과에 대해 저명한 의사들이 발표한 연구 결과를 종합해보면 다음과 같다.

1. 스트레스 · 긴장 · 근심을 해소시켜준다.
2. 근육의 긴장을 완화시킨다.
3. 엔돌핀의 분비를 증가시킨다.
4. 심장박동수와 혈액순환을 높여준다.
5. 면역력과 항암력을 높여준다.
6. 소화기관을 자극한다.
7. 순환기관을 청소한다.

생물학 선생이 학생들에게 '인간에게 뇌가 없다면 인간의 가치가 어떻게 될까요?' 하고 물었다.

질문에 아무런 대답이 없자 생물학 선생은 다음과 같이 답했다고 한다.

'인간을 단순히 물질로 본다면, 인간은 싸구려 상품밖에 안 됩니다. 뼈마디 몇 개와 몇 킬로그램의 살코기, 그리고 수분을 제거해 버리고 나서 인간에게서 뽑아낼 수 있는 것은 고작 비누 12개를 만들 수 있는 지방과 스무 숟가락 분의 소금, 4분의 1 파운드의 설탕뿐입니다. 이것이 전부입니다. 좀 더 알뜰하게 긁어낸다면, 차고를 희게 칠할 수 있을 정도의 석회질과 20kg짜리 폭약 하나 만들 수 있는 글리세린이 나오겠지요.'

– 알렉산더 볼프 : 《춤추는 교실》 중에서 –

마력적인 유머

인생은 접근하여 보면 하나의 비극이다. 하지만 멀리서 보면 하나의 코미디이다.
- 찰리 채플린 -

●●○ 한 나라의 장관이 바뀌게 되면, 신임 장관의 프로필이 소개된다. 요즘은 그 중에 유머 감각이나 친화력이 좋다는 말이 그 신임 장관의 면모를 높여 주는 것 같다.

유머의 어원

우리가 자주 사용하는 '유머'는 백과사전에 의하면, 익살스러운 농담 내지 해학諧謔, 기분, 기질골계滑稽로 표현된다고 설명하고 있으며 프랑스어로는 위무르humour, 독일어로는 후모르Humor라고 한다.

그 어원을 살펴보면, 고대 생리학에서 인간의 체내를 흐르는 혈액, 점액, 담즙, 흑담즙 등 4종류의 체액을 의미하였다고 한다.

그 당시에는 이들 체액의 배합 정도가 사람의 체질이나 성질을 결정한다고 생각하였으며, 나아가 이 말은 기질 · 기분 · 변덕스러움 등을 뜻하게 되었다. 다시 세월이 가면서 의미가 바뀌어 인간의 행동 · 언어 · 문장 등이 갖는 웃음의 뜻, 그리고 그러한 웃음을 인식하거나 표현하는 능력의 뜻까지 갖게 되었다고 한다.

현재의 유머는 듣는 사람의 웃음을 유발하는 것으로 말은 물론이고 태도, 동작, 표정 등 비언어로도 표현할 수 있다.

유머는 타인에 대하여 선의를 가지고 그의 약점, 실수를 부드럽게 감싸며 극복하게 하는 목적이 있다. 따라서 나와 상대방의 실수로 즐겁게 웃어넘기며 공감해야 유머라 할 수 있다.

우리 사회에서 쓰이는 유머란 말은 농담, 기지, 풍자 등 포괄적으로 사용되고 있으나 엄밀히 그 뜻을 정의해보면 차이가 있다.

조크는 웃기 위한 것이다

조크joke는 그저 웃기 위한 것, 남을 놀리거나 웃기기 위해 실없이 하는 장난말이나 우스갯소리를 이르는 말로, 우리말로 '농' 또는 '농담'이라고도 할 수 있다. 그래서 엉뚱한 표현이나 놀래키는 말을 하기도 한다.

조크는 있는 그대로의 말이나 진지한 이야기에 비해 보다 다양한 뉘앙스를 표현하여, 때에 따라서는 신선하고 생기 있게 들릴 수도 있고, 부담 없는 마음으로 들어 넘길 수도 있어 좋다.

위트는 지적 능력의 표현이다

조크보다 한 단계 수준이 높다고 할 수 있는 '위트wit, 기지'는 눈 앞에 보이는 현상에 대한 예리하고 재치있는 지적인 표현으로 말 속에 骨言中有骨가 숨어 있다.

영국의 경험주의 철학자인 존 로크는 위트를 '정신적인 자산' 으로 분석했으며, 독일의 칸트는 '인간 고유의 유사성을 발견하는 정신적인 자산'이라고 좀 더 구체적인 표현을 했다.

위트는 유머보다 함축적인 표현이 많으며, 스토리가 없는 경우가 많다. 그리고 유머보다 길이가 짧다.

유머는 타인의 마음을 끄는 자석이다

유머나 위트는 우리의 뜻을 상대방에게 전달하는 데도 더 효과적일 때가 있다. 사실 사람이 살아가면서 날마다 가지게 되는 일상적인 대화에서 늘 있는 사실로 이야기하고, 진지한 이야기만 하게 된다면 대화는 생기를 잃고 건조해지며, 삶의 분위기마저 딱딱해지고 말 것이다.

유머와 위트는 그것을 사용하는 사람을 매력적으로 돋보이게 한다.

유머를 적절히 사용하면서 부탁이나 의뢰를 하면 상대도 단번에 거절하기가 어렵다. 어떤 사람은 입장이 곤란할 때 유머로 거뜬히 벗어나기도 한다.

이와 같이 유머는 다른 사람들의 마음을 끄는 자석이 된다.

유머의 일곱 가지 마력

유머의 마력魔力을 정리해보자.

첫째, 듣는 사람을 편안하게 해주고 즐거운 분위기를 조성한다.

둘째, 흥미를 가지게 하여 듣는 사람이 이야기에 몰입하게 하고, 오랫동안 기억하게 한다.

셋째, 첨예하게 의견이 대립되어 있는 논쟁의 상황에서 유머는 숨막히는 국면을 전환시킬 수도 있다.

넷째, 유머를 적절히 사용할 경우, 딱딱한 설득보다 쉽게 상대의 마음을 열게 할 수 있다.

다섯째, 서로 거리감을 없애주고 친밀감을 느끼게 하는 등 인간관계를 좋게 해준다.

여섯째, 서로 웃다 보면 정신과 마음의 이완작용으로 스트레스가 해소된다.

일곱째, 즐겁기 때문에 시간가는 줄 모르며, 일의 성과도 오르고 새로운 아이디어도 샘솟게 된다.

팝송 그룹 '비지스'의 노래 중에 'I started joke(내가 조크를 했더니)'에 이런 구절이 있다.

'내가 조크를 하니 사람들이 울고,

내가 우니까 사람들이 웃더라.'

유머 특히 조크는 해도 될 때와 해서는 안될 때가 있어 조크를 할 때는 이 점을 잘 고려해서 해야 한다. 그리고 유머는 지나쳐서도 안 된다. 유머가 지나치다 보면 분위기를 살리기는커녕, 도리어 듣는 사람의 기분을 순간적으로 상하게 하여 분위기 전체를 망가지게 하는 경우도 있기 때문이다.

영국의 민간단체인 '웃음실험실'은 1년간 수집한 4만 개의 유머를 토대로 인터넷 네티즌들의 의견을 청취한 각 나라의 유머 유형 선호도 조사를 했다.

실험을 이끈 하트퍼드셔대 리처드 와이즈먼 교수(심리학)는 유머의 3대 요소인 유머 속 인물에 대해 우월감을 느끼게 할 것,

걱정을 자아내는 상황에서 김빠지게 할 것, 상식을 뒤엎는 반전이 있을 것 등 세 가지 요소가 중요하다고 말했다.

실험 결과 나라마다 선호하는 유머가 다른 것으로 나타났다. 독일에서는 모든 종류의 유머가 인기를 끄는 반면 잉글랜드·아일랜드·호주·뉴질랜드에서는 '말장난 유머(동음이의어 등을 이용한 유머)'가 인기를 끌었다. 북미에서는 우월감을 자극하는 유머가, 프랑스·오스트리아·벨기에 등에서는 현실과 동떨어진 유머가 높은 점수를 받았다고 한다.

: 생각의 샘

조윤제趙潤濟 선생이 쓴 수필 《한국의 유머》에서 '유머란 얼마나 힘있는 것인가? 한마디의 유머, 그리고 그에 따른 웃음은 얽힌 문제를 손쉽게 해결하고 죽을 뻔한 위기도 이로써 타개할 수 있다. 유머는 일부러라도 배워야 될 것이다'라며 유머를 익힐 것을 권하고 있다.

언젠가 중국에서 누가 제일 엉터리이고 믿어지지 않는 얘기를 할 수 있는지 굉장한 시합이 벌어졌다고 한다. 대단한 경쟁이었다. 그래서 거짓말쟁이들과 사기꾼들과 시인들과 헛소문을 퍼뜨리는 사람들과 뉴스 기자 따위 등 온갖 사람들이 모여들었다고 한다.

그러나 상을 탄 사람은 아주 간단한 얘기를 했다. 그가 말했다. '언젠가 나는 어느 공원엘 갔다가 벤치에 말없이 앉아 있는 두 여자를 봤는데, 5분 동안이나 말이 없더군요.' 그러자 심판이 말했다. '이것이야말로 가장 믿어지지 않는 얘기입니다.' 그는 1등 상을 탔다.

– 라즈니시 : 《삶이란 무엇인가》 중에서 –

웃음지수 체크법

울지 않는 지혜, 웃지 않는 철학, 아이들 앞에 머리를 숙이지 않는 위대함을 피하라.
— 칼릴 지브란 —

●●○ 체면을 중요시하는 사람들

언제나 웃지 않고 근엄한 표정을 지으며 할말만 하고 마는 사람에게 우리는 어떤 느낌을 갖는가?

'고리타분하다' '따분하다' '차갑다' '무겁다'는 느낌을 받을 것이다. 이런 사람을 대하면 왠지 말 붙이기가 어렵고 얼른 자리를 뜨고 싶으며 호감이 가지 않는다.

우리 사회가 다원화되고 형식에 구애받지 않는 사회가 되어가고는 있지만, 웃고 싶다고 아무데서나 마음대로 웃을 수 있는 것은 아니다.

자주 웃기는 얘기를 하는 사람을 '싱겁다'라고 평하고, 웃음이 헤픈 사람을 싱겁이, 히죽이, 허벌떼기라고 놀리고 심지어는 뭔가 부족한 사람으로 여기던 때도 있었다. 또한 일부 직장에서도 웃음이나 유머를 나누는 것을 분위기를 산만하게 하고 일에 전념하지 못하는 것으로 간주해서 터부시했는데 지금은 상황이 많이 좋아졌다.

사귀기 어려운 사람이 되지 마라

특히 직업상 체면을 중요시하는 사람들은 근엄함을 선호하고 유머를 하는 것이 경박하다는 인상을 상대에게 줄까봐 두려워하고 상대에게 설교조로 말하는 것이 몸에 배여 있다.

예전에 이런 사람들이 우리 상사로서, 선생님으로서, 부모로서 숨막히게 했던 기억이 있다. 정말 멀리 하고 싶지 않았던가. 꼭 하고 싶은 얘기를 차마 꺼내지 못하고 눈만 깜박거리다가 잔뜩 설교만 듣고 물러 나온 추억(?)도 있으리라.

그런데 우리도 그런 체면치레나 유교문화에 학습되어 자신도 모르게 답습해 웃고 싶거나 즐거운 얘기를 하고 싶어도 하지 못하는 사람들이 있다.

그래서 주위에 한정된 사람만 모이고 사귀기 어려운 사람으로 낙인이 찍히는 경우가 있다. 이미지는 쉽게 바꾸기 어렵다. 말은 사라져도 이미지는 남는 법이다.

유교문화에서 벗어난 인터넷과 스마트폰 세대는 사람과 얼굴을 맞대는 시간이 컴퓨터나 스마트폰을 대하는 시간보다 적어 정작 사람을 대하면 대화 경험이 부족해 감정 표현은 물론 자신의 뜻을 표현하지 못하는 젊은 사람도 늘어나고 있다.

이와 같이 체면에 억눌리고 있는 사람, 딱딱하고 고리타분하게 말하는 사람, 표현력이 부족한 젊은이들은 한마디의 유머나 위트로 딱딱한 자리를 부드럽게 하는 사람, 상대의 기분을 상하게 하지 않으면서 얻을 것은 다 얻어내는 사람, 괴로워하는 사람에게 힘을 주는 사람을 만나면 '나도 저래 봤으면 ……' 하며 몹시 부러워한다.

잘 말하는 능력과 유머를 할 수 있는 유머 감각은 불가분의 관계가 있다. 유머를 적절하게 구사하여야 말을 잘하는 것이라 할 수 있다.

유머 감각이 없는 사람은 선천적으로 센스가 없다기보다는 유머에 대한 잘못된 인식과 유머에 별로 관심이 없었다는 것이 옳은 말일 것 같다.

지금부터라도 유머는 천박하고 속되기보다는 어느 정도 논리적 추론을 가지고 해석되어야 하는 인간관계에서 중요한 활력소라는 인식을 가져야 할 것이다.

걱정거리의 96%는 쓸데없는 걱정거리

걱정거리나 문제가 없는 사람은 이 세상에 없을 것이다. 우리는 쓸데없는 걱정거리를 쉴새없이 양산하고 있다. 자신과 별로 상관이 없는 뉴스만 들어도 슬슬 걱정이 된다.

어느 연구자에 의하면 우리가 고민하는 걱정거리의 96%는 쓸데없는 걱정거리이고, 실제로 걱정해야 할 것은 단지 4%에 불과하다고 한다. 따라서 스스로 걱정만 하는 '마음의 감옥'에서 벗어나 보다 인생을 낙관적으로 생각하고 문제를 풀어가는 것이 인생을 슬기롭게 사는 것이 아닐까 한다.

'사느냐 죽느냐 그것이 문제로다'

비관적으로 살 것인가, 낙관적으로 살 것인가를 누가 나에게 묻는다면 나는 서슴없이 낙관적으로 살 것을 택할 것이다.

낙관적으로 사는 방법 중에 하나가 유머 감각을 가지고 주위 사람과 웃음과 즐거움을 공유하는 것이 아닌가 싶다. 낙관적 가치관을 가진다면 어떤 환경에서도 미소를 잃지 않게 된다. 긍정적인 자세를 지니게 되므로 여유를 갖게 되고, 언제나 웃을 수 있게 된다. 그리고 사람을 만나는 것도, 일하는 것도 즐겁다. 이렇게 되면 인생을 즐기며 사는 것이 된다.

'내가 만일 유머를 몰랐다면 아마 자살했을 것이다'라고 말한 '위대한 영혼'이라 불리는 인도 건국의 아버지 마하트마 간디는 영국과의 긴 투쟁 속에서도 언제나 웃었다. 그리고 많은 사람을 언제나 웃게 만들어서 주변에 있는 사람들이 간디 때문에 즐거움을 가졌다고 한다. 그래서 사람들이 그를 따르고 추앙한 것 같다.

생의 시련을 많이 겪은 링컨 대통령도 친구들과 유머를 즐겼다고 한다. 하루는 링컨 대통령이 백악관에서 구두를 닦고 있는데 한 친구가 와서 이를 보고 깜짝 놀라서 물었다.

'대통령이 손수 구두를 닦다니 말이 되느냐?'

이때 링컨이 말했다.

'아니 그러면 미국의 대통령이 남의 구두를 닦아주어야 한단 말인가.'

당신은 유머 감각이 없어

국제적 신사와 숙녀로 통하는 영국인을 모욕하는 가장 심한 말은, '당신은 유머 감각이 없다'라는 말이라고 한다. 영국인들은 이 말을 '옹졸한 사람'과 같은 뜻으로 받아들이기 때문에 심한 모욕감을 느낀다는 것이다.

미국에는 학생들에게 유머 감각을 가르치는 학교도 있다고 한다. 이와 같이 서양에서는 타인과의 커뮤니케이션에서 유머가 필수적이라는 인식이 강하다.

요즘 우리나라도 신세대가 유권자로 많이 편입되면서 정치인들도 유머를 구사해서 유권자의 마음을 사로잡으려 한다. 또한 근엄하기만 하던 사장님들도 젊은 직원의 마음을 움직여 기업의 발전을 도모하기 위해서 젊은 세대와 어울리려고 그들의 유머를 익혀 직원들과 거리를 좁히려고 노력한다.

우리는 대개 변호사나 판검사라고 하면 근엄하고 유머도 못할 것이라고 간주하지만, 2001년 특검수사를 통해 국민의 신망을 얻은 차정일 특별검사는 대한변협의 공로상 수상 소식을 듣고 찾아간 기자가 근황을 묻자 특유의 계면쩍은 표정으로 다음과 같이 대답했다고 한다.

'특검에서 기소한 사람들을 공소유지하고 힘없는 사람을 위해서 변론도 하려고 해요. 강의 준비도. 히딩크 감독이 멀티 플레이어를 강조했는데, 나도 멀티플레이어가 되려고 ……' 해서 한바탕 웃었다고 한다.

당신은 유머 감각이 있는가

정신분석학자인 마틴 그로탄 박사는 《웃음을 넘어서》란 저서에서 '유머 감각을 가진다는 것은 인간의 고통과 불행을 이해한다는 것을 의미한다. 유머는 우리의 연약함과 좌절을 인정한다는 것을 말하는 것이다. 하지만 웃음은 또한 자유를 의미한다'고 말하고 있다.

유머 감각을 한마디로 정의하기 어려우나, 대화나 스피치하는 동안에 ① 마음의 여유를 가지고, ② 상황을 읽어 내는 능력, ③ 서로 말하는 내용에 대한 해석력, ④ 상대의 마음을 읽는 능력, ⑤ 기지 내지 순발력, ⑥ 어휘선택과 수사법의 구사, ⑦ 실감나게 하는 표현력 등이 어울러져야 좋은 감각이 나올 것 같다.

사람은 굳게 마음 먹고 노력하면 무슨 일이나 할 수 있다. 남을 웃기는 것을 직업으로 삼는 코미디언이나 개그맨이 선천적으로 태어났는가. 그들은 꿈을 가지고 무명시절부터 대본을 외우고 연기연습을 해서 남을 웃기는 사람이 되었던 것이다.

방송에 출연하는 인기 연예인도 방송에 나가기 전에 피나는 연습을 한다. 개그맨이 아닌 가수나 배우들도 토크쇼나 예능 프로에 나가기 전에 '과외'까지 받는다고 한다.

보통의 지능과 노력만 있으면 충분하다.

이제 당신도 유머리스트이다. 자기 암시와 신념을 가지고 망가지는 것부터 연습해보라.

자신의 웃음지수를 체크하라

40년 간이나 웃음을 연구한 미국 스탠포드대학의 윌리엄 프라이 교수는 유머 감각을 계발하기 위해서는 먼저 자신이 하루 동안 몇 번이나 웃는지, 사람들과의 대화에서 어떤 유머를 사용하는지, 그리고 어떤 유머에서 가장 잘 웃게 되는지를 면밀하게 살펴보라고 한다.

자신의 유머 감각을 웃음지수Laughter Quotient로 파악하는 방법도 있다. 한 번 체크해서 점수를 매겨보라.

우리나라에 있는 '기독교가정사역연구소'가 고통지수를 웃음지수로 바꾸자며 각 개인의 웃음지수가 얼마나 되는지 점검할 수 있는 25개의 항목 자료를 다음과 같이 제시했는데 이를 소개하면 다음과 같다.

이 테스트에서 총점 90~120점은 유머 우등생이고 75~89점은 평균이다. 74점 이하는 유머 낙제생이다.

이런 자기 분석을 통해, '나는 아직 유머 감각이 부족하다. 그러니 보다 즐거운 삶을 살기 위해서 나를 계발해야겠다'라고 다짐하고, 하루에 짧막한 유머 하나씩 외우는 연습을 21일간만 해보자. 당신의 뇌가 놀랍게 달라지는 것을 느낄 것이다.

[웃음지수(LQ) 테스트]

다음 각 항목에 '절대로 아니다'라고 생각되면 1점, '전혀'는 2점, '가끔'은 3점, 그리고 '종종'은 4점, '항상'은 5점으로 체크한다.
[출처 : 기독교가정사역연구소(1998)]

1. 당장 유머를 5개 이상 구사할 수 있다.	
2. 아는 유머일지라도 처음 듣는 것처럼 크게 웃어준다.	
3. 유머 코너를 즐겨 읽으며, 개그 프로를 자주 본다.	
4. 내가 우스꽝스럽게 여겨지는 것에 개의치 않는다.	
5. 나의 실수를 웃음으로 넘길 수 있다.	
6. 웃음이 전인 건강에 도움이 된다고 믿는다.	
7. 가족들과 하루에 한 번 이상씩 웃는다.	
8. 다른 사람의 실수도 웃음으로 넘길 수 있다.	
9. 다른 사람과 함께 있는 것을 즐긴다.	
10. 나의 유머로 사람들이 즐거워하는 것이 즐겁다.	
11. 나는 소리내어 크게 웃는 편이다.	
12. 웃음은 좋은 관계를 만들어 낸다고 믿는다.	
13. 분위기를 바꾸기 위해 앞장서서 유머를 사용한다.	
14. 거울을 보며 표정연습을 할 때가 있다.	

15. 꿈에서 웃어본 일이 있다.	
16. 사람들이 흥미 있는 일을 위해 나를 찾는 편이다.	
17. 재미있는 생각을 하며 혼자 웃을 때가 있다.	
18. 같은 말을 보다 재미있게 하려고 노력한다.	
19. 사람들의 기분이 상하는 유머는 사용하지 않는다.	
20. 최근의 유머 경향을 안다.	
21. 나는 웃는 얼굴이 어울린다고 생각한다.	
22. 일하면서 웃는 것은 자연스런 일이라고 믿는다.	
23. 최악의 상황에서도 여전히 희망이 있다고 믿는다.	
24. 화가 나 있는 사람을 웃게 한 적이 있다.	
25. 웃음에 관한 격언을 다섯 가지 이상 말할 수 있다.	
총점	

쾌활한 기분. 이는 적당히 있으면 재능이지 과실이 아니다. 가장 훌륭한 사람들도 익살을 부린다. 그리고 그것으로 모든 사람들의 사랑을 받는다. 그래도 그들은 지혜와 명망에서 눈을 떼지 않는다.

어떤 사람들은 어려운 일에 휘말리는 것을 농담으로 거뜬히 벗어나기도 한다. 어떤 가벼운 농담은 다른 사람들이 아주 진지하게 생각하는 것이기도 하다. 붙임성 있는 사람은 다른 사람의 마음을 끄는 자석이다.

— 발타자르 그라시안 : 《세상을 보는 지혜》 중에서

중국의 《열자列子》라는 고전에 '우공이산愚公移山'이란 우화가 있다. 옛날에 우공愚公이라는 노인이 있었다. 자기 집 앞에 두 개의 산이 있어서 출입함에 불편하다고 생각해서 아들과 손자와 상의해서 셋이서 산을 무너뜨리기 시작했다.

파낸 흙을 삼태기에 담아 북쪽 바다에 버리러 가는데 왕복에 반년이나 걸렸다. 그것을 보고 지수知叟라는 사람이 '어찌 그리도 어리석은 짓을 하는가. 그 큰산을 어떻게 할 작정인가'하고 웃었더니, 우공은 이렇게 대답했다고 한다.

'자네야말로 벽창호네. 내가 죽으면 아들이 있고 아들이 손자를 낳고, 손자가 또 자식을 낳고, 그 자식은 또 자식을 낳는다네. 그러므로 자자손손 대가 끊어지질 않네. 그렇지만 산은 지금보다 더 높아지지는 않거든. 이래도 산이 평지가 되지 않는단 말인가.'

참고문헌

- 그리시안 지음, 두행숙 옮김 : 《세상을 보는 지혜》, 둥지, 1993.
- 김성국 지음 : 《조직과 인간행동》, 명경사, 2001.
- 김진배 지음 : 《마음을 사로잡는 유머화술》, 무한, 1998.
- 데일 카네기 지음, 최염순 옮김 : 《카네기 연설법》, 성공전략연구소, 1997.
- 라즈니쉬 지음, 안정효 옮김 : 《삶이란 무엇인가》, 문학사상사, 1991.
- 마쓰모도 준 지음 : 《성공을 위한 인간경영》, 앞선책, 1998.
- 스티븐 코비 지음, 김경섭 외 1인 옮김 : 《성공하는 사람들의 7가지 습관》, 김영사, 1994.
- 양창삼 지음 : 《인간관계론》, 경문사, 1999.
- 오세철 지음 : 《한국인의 심리구조》, 박영사, 1982.
- 이민수 역해 : 《장자(외편)》, 혜원출판사, 1994.
- 이상헌 편저 : 《조셉머피 명언집》, 직장인, 1982.
- 이재창 외 지음 : 《인간이해를 위한 심리학》, 문음사, 1998.
- 미나미 히로시 지음, 류한평 감수 : 《심리학이야기》, 갑진출판사, 1997.

좋은 습관을 만드는
언어의힘

2021년 3월 31일 제1판 1쇄 발행

지은이 / 민영욱 · 이영만 · 서효륜
펴낸이 / 강선희
펴낸곳 / 가림출판사

등록 / 1992. 10. 6. 제 4-191호
주소 / 서울시 광진구 영화사로 83-1 영진빌딩 5층
대표전화 / 02)458-6451 팩스 / 02)458-6450
홈페이지 / www.galim.co.kr
이메일 / galim@galim.co.kr

값 15,000원

ISBN 978-89-426-6-13320

이 책은 《성공하려면 유머와 위트로 무장하라》 개정판 도서입니다.

한국스피치평생교육원

1 한국스피치평생교육원에서는 최신 SL 교육기법을 통해 대화기법, 유머기법, 연설, 발표, 강의기법, 면접기법 등을 익혀서 어떠한 상황과 장소에서도 당당하고 자신감 넘치는 스피커로 변화시켜 드립니다.

2 교육과정

전문교육과정

① 스피치 리더십 과정(초 · 중 · 고급)
② CEO 커뮤니케이션 과정
③ 선거연설 과정
④ 글쓰기 · 시창작 과정
⑤ 언어 클리닉 과정

⑥ 기업체 출장 교육 과정
⑦ 강사 트레이닝 과정
⑧ 이미지 메이킹 과정
⑨ 프레젠테이션 과정
⑩ 면접토론 과정

3 개강 : **매월 초**

4 당 교육원 프로그램의 특징

수강생과 상담하여 각종 테스트를 거쳐 교육 과정에 배치
전문 강사의 개별 평가와 학습 지도 실시
최종 평가를 통해 수료증 발급
수료 후에도 리콜제 실시
각 단계마다 2~3개월 과정
개인지도 실시
최고의 강사진, 체계적인 최신 SL 교육 실시
과학적이고 참신한 교육으로 스피치 능력 극대화

서울시 종로구 종로3가 123번지 고영빌딩 7층
문의전화 02) 737-3477
홈페이지 speech365.kr ｜ 이메일 speech365@hanmail.net